Strade blu

Federico Rampini

LA NOTTE DELLA SINISTRA

Da dove ripartire

MONDADORI

Dello stesso autore
nella collezione Strade blu

Il secolo cinese
L'impero di Cindia
L'ombra di Mao
La speranza indiana
Slow Economy
Occidente estremo
Alla mia Sinistra
Voi avete gli orologi, noi abbiamo il tempo
Banchieri
Vi racconto il nostro futuro
All You Need Is Love
L'Età del Caos
Banche: possiamo ancora fidarci?
Il tradimento
Le linee rosse
Quando inizia la nostra storia

librimondadori.it
anobii.com

La notte della sinistra
di Federico Rampini
Collezione Strade blu

ISBN 978-88-04-71340-1

I edizione marzo 2019

Indice

La notte della sinistra

Introduzione

A chi è rivolto questo appello, chi vorrei raggiungere con questa denuncia? Scrivo pensando alla mia famiglia d'origine, quella che un tempo si chiamava «la sinistra» e rappresentava le aspirazioni, gli ideali, i sogni di una maggioranza del popolo. Davvero, ci fu un tempo in cui sinistra e popolo erano quasi la stessa cosa.

Quando elenco i tanti errori compiuti – dall'immigrazione alla vecchia retorica europeista ed esterofila, dal globalismo ingenuo alla collusione con le élite del denaro e della tecnologia –, è perché sono convinto che da lì bisogna ripartire, ed è ancora possibile correggere quegli sbagli. Qualche idea su come farlo sarà nella Conclusione.

Non rispondetemi che «quegli altri» sono peggio, non ditemi che è l'ora di fare quadrato, di arroccarsi a contemplare con orgoglio tutte le nostre sacrosante ragioni, a raccontarci che siamo moralmente superiori e che là fuori ci assedia un'orda fascista.

Quand'anche fosse vero che «quelli» sono un'orda fascista (narrazione diffusa in campo progressista), allora dobbiamo chiederci: com'è stato possibile? Come abbiamo potuto regalare a «loro» l'Italia più gli Stati Uniti, l'Inghilterra più la Svezia e forse domani la Francia; la Polonia più il Brasile? Se davvero una peste nera sta dilagando in tutto l'Occidente, dov'eravamo noi, cosa facevamo mentre questo flagello si stava preparando? (Aiutino: spesso eravamo al governo.)

Ho appena usato l'immagine della peste nera perché oggi compare nei commenti di opinionisti politically correct. La metafora è significativa. È comoda, rassicurante. Ci assolve. La peste è una malattia. Se dilaga il contagio, la causa è qualche germe. Il presunto fascismo di massa, che sembra circondarci, è dunque una forma patologica di abbrutimento, di istupidimento del volgo. I demagoghi ne approfittano, eccitano i pregiudizi, raccolgono consensi perché sfruttano ignoranza e bassi sentimenti (odio per l'altro, razzismo).

Troppo autoassolutoria, confortante, questa rappresentazione. Quanta presunzione, quanta arroganza, nell'autodefinirsi minoranza eletta, moralmente superiore, l'unica a detenere valori degni di questo nome. È una sinistra pigra e autoreferenziale, che non ha nessuna aspirazione a tornare maggioranza, quella che passa il suo tempo a lanciare scomuniche, a levare alte grida d'allarme contro la deriva autoritaria.

Chiederci dove abbiamo sbagliato – farlo sul serio, andare in profondità, investirci tempo e attenzione, inoltrarsi fino a toccare i temi più scomodi e imbarazzanti – non è autoflagellazione. È l'unico modo per ricostruire legami di massa, tornare a essere maggioranza.

Vorrei anche che la smettessimo di infliggere ai più giovani delle lezioni di superficialità, malafede, ignoranza della storia. Si parla ormai a vanvera di fascismo, lo si descrive in agguato dietro ogni angolo di strada, studiando pochissimo quel che fu davvero, in quale contesto storico nacque, quali ne furono le cause profonde e gli ingredienti decisivi. Si spande la retorica di una nuova Resistenza, insultando la memoria di quella vera (o ignorandone le contraddizioni, gli errori, le tragedie).

Cominciai a fare politica da giovane adulto, appena tornato in Italia dopo un'infanzia e un'adolescenza all'estero. Frequentavo l'università a Milano mentre iniziavano gli anni di piombo (1974-77). Ero iscritto al Pci, a quel tempo guidato da Enrico Berlinguer. Non ho dimenticato le assemblee universitarie dove un militante comunista faceva fatica a intervenire perché la «vera sinistra», cioè gli estremisti, decidevano chi aveva diritto di parola e chi no. «Fascisti», urlavano a chiunque non la pensasse come loro. L'élite di quel momento (giovani borghesi, figli di papà, più i loro ispiratori e cattivi maestri tra gli intellettuali di moda) era una Santa Inquisizione che sottoponeva gli altri a severi esami di purezza morale, di intransigenza sui valori. In quanto ai giovani cattolici progressisti, se avevano la sciagura di essersi iscritti alla Democrazia cristiana, erano trattati come fascisti, punto e basta. Molti di loro oggi sono sulle posizioni di papa Francesco, considerato il pontefice più progressista da molti decenni a questa parte, rispettato dagli opinionisti liberal. Con che disinvoltura si passa dall'ostracizzare un avversario politico, negandogli legittimità, ad abbracciarlo come uno dei nostri...

Nel politically correct di oggi sono cambiate solo le apparenze, il linguaggio, le mode. Tra i guru progressisti ora vengono cooptate le star di Hollywood e gli influencer dei social, purché pronuncino le filastrocche giuste sul cambiamento climatico o sugli immigrati. Non importa che abbiano conti in banca milionari, i media di sinistra venerano queste celebrity. Mentre si trattano con disgusto quei bifolchi delle periferie che osano dubitare dei benefici promessi dal globalismo.

Periferie: questo termine è sulla bocca di tutti. Perfino quei leader di sinistra che fanno fatica a situarle su Google Maps ammettono che bisogna andarci, nelle periferie, oggi egemonizzate dalle destre populiste e sovraniste. «Andarci»? Forse il percorso più logico sarebbe quello inverso: è dalle periferie che dovrebbero venire persone e idee, infusione di energie nuove dentro la sinistra. Portandosi dietro le emozioni, le paure, le angosce. Perché la sinistra si vieta di parlare di paure? Questo termine oggi viene usato per accusare i demagoghi di turno, i sovran-populisti che «alimentano, eccitano» la paura. Da quando in qua la paura è una cosa di destra, anticamera del fascismo? Deve vergognarsi chi teme di diventare più povero? Chi patisce l'insicurezza di un quartiere abbandonato dallo Stato?

Alla destra abbiamo lasciato anche un'altra parola: Italia. Certi progressisti, si direbbe, sono capaci di entusiasmo solo per cose molto più grandi, si commuovono esclusivamente davanti a dimensioni superiori: Europa, Mediterraneo, Umanità. L'idea di nazione sarebbe anch'essa un eufemismo per non dire fascismo. Curiosa deformazione, perché non si dà un solo caso di liberaldemocrazia moderna che non sia nata in quell'ambito, dentro lo Stato-nazione. Mazzini e Garibaldi (che nessuno legge più) sono tra i padri nobili della sinistra italiana. Abbiamo venerato tanti leader del Terzo Mondo – da Gandhi a Ho Chi Minh a Fidel Castro – che erano prima di tutto dei patrioti. Abbiamo rispettato con una punta d'invidia, nei nostri vicini francesi o inglesi, il sentimento di fierezza nazionale. «Right or wrong, my country» (che abbia torto o ragione, è il mio paese) è un motto che condivideva anche Winston Churchill, avversario dei nazifascismi. C'è qualcosa di malsano nel pensare che una maggioranza degli italiani siano idioti manipolati da mascalzoni: come si costruisce su queste basi una convivenza civile, un futuro migliore?

New York, 6 marzo 2019

I
Dalla parte dei deboli… solo se stranieri?

Anno 1986. Il mio primo incarico da corrispondente estero: a Parigi, per «Il Sole-24 Ore». Presidente era François Mitterrand, un gigante della sinistra europea almeno come statura culturale, soprattutto se paragonato agli epigoni di oggi. Eppure, sotto i suoi occhi accadeva qualcosa che nessuno capì veramente, allora. Gli anni Ottanta videro i primi successi del Front National, il partito di estrema destra all'epoca guidato dal padre di Marine Le Pen, Jean-Marie. Lui riuscì a farsi eleggere nell'Île-de-France, il dipartimento che include la città di Parigi. Lentamente ma inesorabilmente, iniziò in quel periodo un cambiamento della classe operaia francese. La *banlieue* (periferia) parigina, comunista da sempre, cominciò a votare a destra. Trent'anni prima che questo diventasse un fenomeno poderoso in tutto l'Occidente, era accaduto là e la ragione era una: l'immigrazione.

La sinistra mitterrandiana non poteva capire, perché era ben insediata nei quartieri chic della capitale (come la Rive Gauche), dove gli immigrati, ancora oggi, svolgono lavori utili: guidano gli autobus, raccolgono la spazzatura, servono nei ristoranti, vengono a fare le pulizie di casa. In periferia, invece, per gli operai metalmeccanici di Renault, algerini, marocchini e tunisini erano i vicini di casa, i dirimpettai. I loro figli erano gli adolescenti che trattavano le ragazze bianche come prede sessuali. Erano talvolta gli spacciatori di quartiere. Ogni tanto quei ragazzi *beur* (seconda generazione di origine araba) incendiavano delle auto; ma non le Bmw e le Mercedes nei quartieri ricchi. Dilagava già allora una legittimazione «di sinistra» dell'aggressività, in nome dei torti del colonialismo da riparare; anche se gli operai francesi da quel colonialismo non avevano ricavato vantaggi, erano loro i destinatari più vicini della rabbia e dovevano subirla tacendo, in nome delle «colpe dei bianchi». Si aprivano nuove moschee con madrase fondamentaliste pagate dai petrodollari sauditi. La polizia, onnipresente ed efficiente nelle zone chic del V, VI e VII arrondissement, nelle periferie si avventurava il meno possibile, lasciando ad altri il controllo del territorio. I leader della sinistra glamour, da Mitterrand a Jack Lang, volevano opere di prestigio in centro, come il Grande Louvre e il Musée d'Orsay. Gli operai, con un'amarezza silenziosa e una rivolta nel segreto dell'urna, cominciavano a sospettare che la sinistra avesse scelto altri ceti e altri interessi da difendere.

Mi ha fatto tornare ancora più indietro nella memoria un episodio recente di cronaca italiana: la tragica fine di Desirée Mariottini, sedicenne di Cisterna di Latina stuprata e uccisa nel 2018 in uno stabile abbandonato nel quartiere San Lorenzo a Roma. (E scusate se mi collego spesso a episodi della mia vita, ma è così che funziona il nostro cervello, per associazione.) Lì c'era la mia sede di lavoro quando debuttavo come giornalista (precario: si usava già) alla fine degli anni Settanta, nella stampa del Partito comunista italiano. San Lorenzo era il quartiere «rosso» della capitale. L'unico dove una resistenza locale *ante litteram* cercò di fermare la marcia su Roma mussoliniana nel 1922. Ai tempi in cui lo frequentavo ospitava la federazione del Pci e i giornali comunisti. Via dei Taurini, via dei Frentani, sono per me nomi familiari, i miei luoghi di lavoro quando ero ventenne. Era una zona popolare, vivace, vivibile, densa di cultura e orgogliosa della propria storia. Mi ha fatto impressione leggerne la descrizione a quarant'anni di distanza, come l'ha fatta Corrado Zunino sulla «Repubblica» il 24 ottobre 2018, dopo la morte di Desirée. Zunino ha dato la parola agli abitanti. Loro raccontano di «nordafricani che ti sbattono in faccia la droga mentre passi, ti massacrano per un iPhone, si vestono eleganti e guardano strafottenti»; «l'altro giorno tra piazza dell'Immacolata e il cinema Tibur, duecentocinquanta passi, ho contato tredici sentinelle dello spaccio. Non si nascondono neppure più, è come se a San Lorenzo l'eroina fosse stata liberalizzata».

Una delle frasi in codice che oggi ti fanno riconoscere come uno stimato opinionista di sinistra è che «dobbiamo stare dalla parte dei più deboli». Sottinteso: purché i deboli siano stranieri, possibilmente senza documenti, meglio ancora se hanno la pelle di un colore diverso dal nostro. Sono deboli se corrispondono a questa descrizione. Almeno una parte della sinistra ha deciso che sono sempre e soltanto queste le vittime dell'ingiustizia, per definizione. Tanto peggio per i pensionati poveri, con cittadinanza italiana, se la sera hanno paura a rincasare da soli perché davanti al loro portone comandano gli spacciatori. Gli si risponde citando le statistiche, per dimostrargli che non esiste un legame tra stranieri e criminalità. Dunque se vedono dei nordafricani spacciare impunemente sui marciapiedi del loro quartiere, è un'illusione ottica. O peggio, accostare il mestiere dello spacciatore e la sua nazionalità o etnia è un riflesso razzista. Che taccia, il pensionato povero, e si vergogni di avere questi pensieri immondi.

Eppure la povertà degli italiani esiste, ed è perfino peggiorata negli ultimi anni. Un dato fra tanti, da una regione mediamente ricca: in Toscana ci sono oltre 119.000 cittadini italiani sotto la soglia della povertà assoluta, e quasi 22.000 domande inevase per alloggi popolari. I poveri troppo simili a noi, però, non sono una causa abbastanza nobile. E se poi loro, quei nostri connazionali che sopravvivono con pensioni minime, cercano protezione votando per i partiti populisti, la spiegazione è pronta: sono affetti dalla «peste nera», sono diventati xenofobi e razzisti, caduti vittima di demagoghi senza scrupoli che alimentano gli istinti peggiori del pregiudizio e dell'odio. Così, assai fiera di condannare i populisti, in molti paesi occidentali la sinistra ha smesso di essere popolare: ha perso la rappresentanza di vasti ceti medio-bassi. Ma l'importante è cullarsi nella certezza della propria superiorità morale, no?

C'è un altro termine che l'opinionista della sinistra politically correct ama usare, per distinguersi come un paladino della più nobile di tutte le cause. Bisogna difendere «gli ultimi», cioè i più deboli fra i deboli. Così è davvero chiaro di chi si sta parlando, non c'è possibilità di equivoco, perché in quest'epoca, in Italia – o in qualsiasi altro paese occidentale –, il cittadino che ha la nostra stessa origine nazionale è raramente l'ultimissimo nella gerarchia sociale. C'è di sicuro una parte della popolazione immigrata che sta ancora peggio, è doveroso quindi occuparsi di loro con un'attenzione speciale. Questa è la causa che ha più glamour, che distingue, che rende eticamente superiore chi l'abbraccia. Non è chic darsi da fare per migliorare le condizioni della nostra classe operaia. Anzi, mi è capitato di sentirmi correggere, perché avevo usato questo temine obsoleto. «La classe operaia è un concetto superato, non esiste più» mi sono sentito dire in un talk show. Non c'è dubbio che la composizione sociale dei nostri paesi sia cambiata molto, rispetto ai tempi in cui facevo il giornalista del Pci e andavo ai cancelli della Fiat Mirafiori a intervistare gli operai. Oggi quella classe operaia, di metalmeccanici o siderurgici, è diminuita numericamente. Non è affatto scomparsa, però. Io le fabbriche le frequento ancora. Facendo il corrispondente negli Stati Uniti, anziché a Torino Mirafiori vado a Detroit e dintorni. Di operai ne incontro ancora tanti, in carne e ossa; non sono fantasmi del passato. Lavorano alle catene di montaggio di Ford, General Motors, Chrysler. Altri ne ho conosciuti e frequentati in Pennsylvania, siderurgici negli altiforni vicino a Pittsburgh. Ne ho intervistati molti che votarono per Barack Obama nel 2008 e nel 2012, poi scelsero Donald Trump nel 2016. Peste nera, fascistizzati di colpo anche loro, razzisti? Anche se per due volte avevano eletto un afroamericano?

Poi c'è la nuova classe operaia. I fattorini di Amazon sono un esempio di mestieri in crescita, grazie al boom dell'economia digitale e del commercio online: guadagnano meno dei metalmeccanici, fanno lavori manuali, spesso con contratti precari e a termine. Mi sembra corretto includerli in una definizione aggiornata di classe operaia. Come le commesse degli ipermercati. I vigilantes che fanno la guardia di notte agli uffici. Il personale di sicurezza degli aeroporti. Le infermiere degli ospedali. Sono tutte mansioni che come reddito e status non superano quelle dei metalmeccanici, anzi spesso stanno un gradino sotto, almeno nelle gerarchie salariali americane. Non trovo anacronistico usare il termine classe operaia, se con questo abbiamo chiaro di che cosa stiamo parlando: sono dipendenti che per livello di istruzione, reddito, prestigio, rappresentano la fascia bassa del mondo del lavoro. (Aggiungerei perfino i poliziotti: che la sinistra ha sempre trattato con diffidenza, salvo l'eccezione importante del poeta Pier Paolo Pasolini che nel 1968 stava dalla parte loro, veri proletari.) Sono mestieri che i laureati figli di laureati da tre generazioni non vorrebbero fare. Però questi lavoratori non sono così in basso da essere gli ultimissimi. Magari sono i penultimi; dunque preoccuparsi di loro non ti dà una vera patente di progressista.

In America la sociologa Arlie Russell Hochschild ha pubblicato nel 2016 una delle indagini più approfondite sul «loro» stato d'animo. Si intitola *Strangers in their own land*, cioè «estranei nel loro stesso paese» ed è una collezione d'interviste a bianchi poveri degli Stati del Sud. Dai loro sfoghi, dal loro disagio sociale, dalle loro amarezze, viene fuori un vasto quadro collettivo. Usando una specie di allegoria per riassumere tante storie individuali, a questi bianchi poveri il mitico Sogno americano («terra delle opportunità») oggi appare come un miraggio distante, una luce fioca all'orizzonte verso la quale vorrebbero progredire. Si raffigurano collettivamente come una lunga fila di persone incolonnate, in attesa di procedere verso quel traguardo ambito. Ma la fila si muove lentissimamente, è quasi ferma. Ogni tanto però qualcuno si stacca dal fondo, supera gli altri, e passa davanti. Sono, per l'appunto, gli ultimi: i più derelitti, le minoranze a cui la sinistra ha deciso di dedicare un'attenzione speciale. Servizi sociali, Welfare, provvidenze pubbliche, agevolazioni gli vanno riconosciuti, anche se a rigor di legge, forse, non ne avrebbero diritto. I media devono circondarli di attenzione. Una società avanzata, una società democratica degna del XXI secolo, si riconosce da come tratta «loro». I penultimi, restino pure dove sono.

La sinistra americana, come quella europea, ha le sue cause predilette. Le seguo da vicino. Mi colpisce la selettività, e anche la durata effimera, di certe campagne, il succedersi rapido di picchi di attenzione enorme, poi seguiti da distrazione e oblio. Ricorderete – ne hanno parlato i media del mondo intero – lo scandalo dell'estate 2018 quando si scoprì che alla frontiera col Messico, di fronte all'afflusso di immigrati senza visto, la polizia americana separava i figli minorenni dai genitori. Anch'io, come tanti giornalisti, sono accorso sul posto quando è stato segnalato uno di quei centri di detenzione, per soli bambini, in una località semidesertica vicina a El Paso, in Texas. Lo scandalo era reale; trattare così dei minorenni è un abuso orribile. Ma il livello dell'indignazione, e la visibilità sulle prime pagine dei giornali, è calato di colpo quando si è scoperto che quelle separazioni avvenivano già sotto l'amministrazione Obama, non erano una novità introdotta da Donald Trump. Un altro caso di attenzione selettiva ci fu per uno scandalo di durata ancor più breve: i bambini migranti «marchiati» con dei numeri d'identificazione sulla pelle dell'avambraccio, come gli ebrei nei campi di concentramento nazisti. La storia si sgonfiò quando si scoprì che i numeri erano scritti col pennarello, e soprattutto che a farlo era la polizia messicana all'uscita, non quella degli Stati Uniti all'ingresso. Non essendoci più Trump da incolpare l'indignazione è sparita.

Negli Stati Uniti, infatti, anche la sinistra di governo ha adottato maniere piuttosto dure contro l'ingresso di stranieri illegali. E già molto prima di Obama, l'altro suo predecessore democratico aveva fatto costruire un pezzo di Muro al confine col Messico. Pure in questo caso, sembrano colpiti da amnesia tutti coloro che associano il Muro esclusivamente a Trump. Certo, è lui ad averne fatto un simbolo e uno slogan da urlare nei comizi elettorali. Quelli prima di lui erano stati più abili, o più discreti, o più ipocriti? Fatto sta che qualsiasi turista può andare a visitare, da un quarto di secolo in qua, quell'altissima fortificazione in muratura che nel 1994 il democratico Bill Clinton fece costruire in California, a sud di San Diego, per prevenire l'ingresso di narcotrafficanti da Tijuana. Poi il tratto più lungo (ben 1000 chilometri) di barriera fortificata e armata lungo la frontiera venne innalzato durante la presidenza di George W. Bush, ma con l'approvazione bipartisan: votarono a favore molti democratici.

È istruttivo anche confrontare i dati sugli arresti di migranti senza permesso fermati mentre attraversavano la frontiera meridionale degli Stati Uniti: in diminuzione sotto Trump, visto che furono 397.000 nel 2018, contro una media di 413.000 all'anno durante l'amministrazione Obama; il massimo di 1,6 milioni di arresti fu raggiunto nel 2000 sotto Clinton. Dunque Obama e Clinton – ambedue rieletti per un secondo mandato – rappresentavano una sinistra che su questo tema preferiva stare dalla parte della legge. Poi è arrivato Trump, che ha il dono della provocazione e con i suoi eccessi riesce a radicalizzare un po' tutti, la destra e la sinistra. Ogni tanto, però, le sue trovate sono astute. Per esempio quella sera dell'8 gennaio 2019 in cui, parlando alla nazione per difendere la sua proposta di Muro (in realtà poche centinaia di chilometri aggiuntivi, assai meno di quelli già esistenti), ha menzionato la cinta che circonda la nuova casa dei coniugi Obama a Washington: «I politici che si circondano di quelle protezioni, non lo fanno perché odiano chi sta fuori, ma perché amano chi sta dentro».

Oggi è prevalsa invece una narrazione diversa: far rispettare le frontiere è di destra, l'idea stessa di nazione è incivile, barbara, reazionaria se non addirittura fascista; i confini devono poterli superare tutti coloro che ne sentono il bisogno, per andare a vivere dove vogliono. Scusate se questa vi suona come una forzatura o una semplificazione. Ma sto ripetendo quasi letteralmente i ragionamenti che ho sentito fare, nell'autunno 2018, da coloro che incoraggiavano la famosa «carovana della speranza», partita dall'Honduras in direzione degli Stati Uniti. Fu una notizia ripresa nel mondo intero. Non a lungo, però. Anche in questo caso, l'attenzione si è rivelata effimera. L'idea della carovana era parsa geniale ai suoi promotori. Non mi riferisco qui ai poveri fuggiaschi che tentavano di abbandonare l'Honduras in preda alla violenza e al caos. Quelli erano e sono, per la maggior parte, dei veri disperati. Ma l'idea di organizzarli in una visibile carovana con striscioni e altoparlanti, scortata da attivisti e telecamere tv l'hanno avuta altri: ong umanitarie, sacerdoti militanti vicini alla sinistra radicale dei no global. Lo scopo era dare la massima visibilità ai profughi, metterne tanti assieme, per andare a compiere un'azione dimostrativa, una bella prova di forza, un attraversamento in massa del confine, e così mettere Trump in difficoltà. Naturalmente è successo l'esatto contrario. Una delle ragioni per cui Trump ha salvato la maggioranza repubblicana al Senato, alle elezioni legislative del novembre 2018, è stata proprio lo spettacolo di quella carovana e la sua enorme visibilità sui media. Per una parte degli americani l'eventualità che i disperati possano presentarsi in cortei di massa contro la polizia, dare l'assalto alle recinzioni di frontiera, disconoscere l'esistenza di un confine, calpestare le leggi e le procedure d'asilo degli Stati Uniti equivale a una dichiarazione di guerra. È un incubo, è la versione più angosciante possibile dell'immigrazione clandestina: venga chi vuole, il nostro paese non ha più il diritto di stabilire regole di residenza e cittadinanza. Dunque lo Stato non ha la capacità di far osservare le regole *tout court*: se chi entra in un paese lo fa violando le sue norme, perché dovrebbe pensare che da quel momento in poi dovrà rispettarle?

Passate le elezioni legislative del novembre 2018, i media progressisti hanno rapidamente declassato la carovana fino all'oblio. Che fine hanno fatto quei disperati? Molti hanno ben presto rinunciato ai tentativi di passare il confine Usa e quindi hanno chiesto di poter tornare in Honduras. Il governo messicano ha messo a disposizione aerei e bus per i rimpatri. È un'amara lezione per chi – da tutte le parti – ha voluto trasformare il flusso di richiedenti asilo in uno spettacolo, una prova di forza, un braccio di ferro esemplare sui grandi principi. Di certo l'amministrazione Trump scegliendo la linea dura ha reso sempre meno accessibile il diritto d'asilo; troppo lungo e complicato è l'iter per esaminare la validità delle richieste. I diritti umani sono stati cancellati, nuove tragedie si sono aggiunte a quelle originarie. Nei suoi comizi elettorali Trump ha trasformato la carovana in una caricatura grottesca, «criminali delle gang, che usano i bambini come scudi umani». Dall'altra parte, c'è però chi ha soffiato sul fuoco, gli organizzatori del modello-carovana che puntavano a ottenere la massima risonanza mediatica e politica. Chi teorizza che i poveri della terra devono trasferirsi dove vogliono, che l'idea stessa di un confine protetto è un abuso, privo di ogni legittimità, ha gettato i disperati dell'Honduras allo sbaraglio in azioni dimostrative – gli scontri con la US Border Patrol – che hanno avuto come unico effetto di rafforzare Trump. Le frange più radicali della sinistra Usa hanno perfino lanciato l'idea di un referendum per abolire l'intera amministrazione federale della polizia di frontiera (sic). Quegli honduregni che hanno abbandonato ogni speranza e sono tornati a casa, sono anche vittime di chi ha pensato non ad aiutarli, ma a farne un simbolo da immolare sull'altare di una causa.

La commedia degli equivoci e la gara delle ipocrisie attorno al Muro ha avuto un altro colpo di scena il 15 febbraio 2019. «È in corso un'invasione di criminali e di droghe. Reagiremo a questa crisi della sicurezza nazionale al nostro confine meridionale.» Quel giorno alle 10.30 del mattino, a Washington, nella cornice solenne del Giardino delle Rose davanti alla Casa Bianca, Trump dichiara lo stato di emergenza pur di riuscire a costruire il suo Muro alla frontiera col Messico. La conferenza ha una scenografia drammatica. Il presidente è attorniato dalle Angel Mom, le «madri degli angeli», ciascuna delle quali tiene in mano la foto di un figlio morto: vittime di criminali stranieri che erano negli Stati Uniti illegalmente, senza visti o permessi di residenza. Quando un reporter della Cnn contesta i suoi dati sulla criminalità degli immigrati, Trump lo zittisce intimandogli di rispettare il dolore delle madri. «Pensi che sto inventando qualcosa? Chiedi a queste donne incredibili che hanno perso le loro figlie e i loro figli. La tua è una domanda politica perché hai un'agenda. Sei Cnn. Sei fake news.»

La dichiarazione dello stato di emergenza arriva al termine di un braccio di ferro durato due mesi. Trump aveva chiesto al Congresso 5,7 miliardi di dollari per il Muro. La Camera a maggioranza democratica gli aveva negato quel finanziamento e il presidente si era rifiutato di varare la legge di bilancio. Nello stallo c'è stato un lungo shutdown, chiusura di uffici federali per mancanza di fondi. A metà febbraio il presidente, pur di non ammettere la propria sconfitta, aggira l'ostacolo, con lo stato di emergenza può dirottare d'autorità 3,6 miliardi dal bilancio della difesa e

2,5 miliardi dalle dotazioni per la lotta al narcotraffico. Insieme con altre manovre di bilancio si procurerà fino a 8 miliardi di dollari, con cui avviare la costruzione del Muro o il rafforzamento delle barriere recintate già esistenti in alcuni tratti del confine.

Pronta e durissima la reazione dell'opposizione, che lascia prevedere un contenzioso prolungato. I due leader democratici, la presidente della Camera Nancy Pelosi e il capogruppo al Senato Chuck Schumer, hanno attaccato lo stato di emergenza come illegittimo. «È un abuso di potere» hanno detto «da parte di un presidente deluso. Oltrepassa i limiti della legge per ottenere quel che non è riuscito ad avere attraverso le vie costituzionali e l'iter legislativo. Il presidente non è al di sopra della legge. Il Congresso non può consentirgli di stracciare la Costituzione.» Subito sono partiti i primi ricorsi in tribunale, e si andrà avanti fino alla Corte suprema.

Trump ha dalla sua il precedente del Muslim Ban, il controverso decreto esecutivo che firmò appena entrato alla Casa Bianca per vietare l'ingresso a cittadini di alcuni paesi a maggioranza islamica. Il provvedimento fu contestato dai democratici, da diversi Stati Usa governati dalla sinistra e da associazioni per i diritti civili. Venne bloccato da diversi gradi di giudizio fino all'appello e fu riscritto in più versioni dalla Casa Bianca. Alla fine (nell'ultima versione che include Venezuela e Corea del Nord, paesi non islamici) la Corte suprema lo ha autorizzato in via preliminare, senza entrare nella sostanza, valutando che è prerogativa del presidente giudicare se la sicurezza nazionale sia in pericolo. È proprio su questo che l'opposizione fa leva, contestando che al confine meridionale stia accadendo qualcosa di anomalo: i numeri sugli ingressi di clandestini o sui reati non sembrano aver conosciuto un'impennata recente. Il contenzioso giudiziario ritarda i lavori di costruzione, che già si scontrano con altri ostacoli, come le valutazioni d'impatto ambientale o le cause avviate dai proprietari contro gli espropri di terreni. Quel che conta per Trump è dimostrare che fa tutto il possibile per mantenere le promesse: il Muro è stato un tema nei suoi comizi fin dal 2015. Non gli dispiace affatto che le liti giudiziarie prolunghino le controversie sul Muro fino all'elezione presidenziale del novembre 2020. Anzi. Trump eccelle nel dettare l'agenda del dibattito. È convinto che sia suo interesse costringere i democratici in campagna elettorale a schiacciarsi verso la posizione opposta, come «il partito delle frontiere aperte a tutti».

A volere il rispetto delle frontiere sono gli immigrati stessi. Ne ho incontrati tanti negli Stati Uniti. Per esempio messicani integrati da tempo, i quali votano Trump perché «di qua regnano la legge e l'ordine, di là il caos». Nei miei articoli sulla «Repubblica» e nei miei libri precedenti trovate un campionario di quelle interviste, ritratti e testimonianze raccolti sul campo. Già immagino la spiegazione politically correct. Il messicano naturalizzato statunitense che ha votato per Trump è un egoista, un piccolo borghese che pensa solo a se stesso, lui ce l'ha fatta e non vuole che altri più poveri abbiano a loro volta accesso al Sogno americano. Ha raggiunto la terra del benessere e ora vorrebbe alzare il ponte levatoio per tenerselo stretto. Un egoista? Il fatto è che tutti quegli altri farebbero la stessa cosa. Se fuggono dall'Honduras o dal Guatemala dove comandano le gang, è proprio perché negli Stati Uniti pensano di trovare un sistema diverso da quello che lasciano; uno Stato di diritto, dove la polizia e i tribunali funzionano, dove chi rispetta le regole può lavorare in pace, far studiare i figli, costruirsi un futuro migliore. Il confine lo vogliono oltrepassare non perché lo considerano obsoleto, ma al contrario perché lo considerano una protezione efficace, a tutela di chi sta dall'altra parte… la parte giusta. I richiedenti asilo hanno le idee chiarissime sull'importanza sacrosanta dei confini. E il messicano che «ce l'ha fatta» non è necessariamente un egoista (ne ho incontrati, a El Paso in Texas, disposti a adottare i minorenni clandestini). Ha però il timore che un'immigrazione non governata, selvaggia e sregolata, porti di qua dal confine quel caos violento e feroce che lui si è lasciato alle spalle. Il messicano che si è naturalizzato diventando cittadino degli Stati Uniti, nel rispetto delle regole e delle procedure, talvolta condivide le preoccupazioni dell'operaio bianco del Michigan: come in tante altre cose, pensa, anche per l'immigrazione è questione di quantità, di proporzioni, di regole e di equilibri. Se lo Stato riesce a far rispettare le proprie regole, dà un'impronta e una disciplina ai nuovi arrivati; in caso contrario, l'immigrazione diventa un'invasione, destabilizza e genera insicurezza.

Tra gli immigrati che hanno votato Trump ho incontrato anche degli italoamericani. Se sono di seconda o terza generazione, dai loro racconti affiora spesso quest'altro tema. «Noi abbiamo dimenticato l'italiano, o non l'abbiamo mai imparato, perché quando eravamo bambini i nostri genitori ci proibivano di parlarlo a casa. Bisognava integrarsi, per farsi accettare. Oggi al contrario ti accolgono negli uffici pubblici chiedendoti se vuoi parlare in spagnolo; i formulari sono scritti in tutte le lingue; gli ultimi arrivati non fanno gli sforzi che facevamo noi.» La lingua non è poco: è un deposito della nostra storia e della nostra cultura. Dietro questo capovolgimento, accaduto in poco tempo, l'italoamericano coglie una contraddizione che lo disturba e lo spaventa. Anni fa, la prima cosa che lo straniero capiva varcando la frontiera era che doveva avere rispetto per il paese d'arrivo, doveva «rigare dritto», meritarsi la fiducia, fare il proprio dovere. Oggi chi arriva da fuori spesso ha già un'idea dei propri diritti. In mezzo c'è stata la rivoluzione valoriale degli anni Sessanta, la denuncia dei crimini compiuti dall'Occidente all'epoca del colonialismo e dell'imperialismo, quindi la rivalutazione delle «storie dimenticate» dei popoli da noi dominati, la riscoperta delle loro culture. Tutto questo fa parte della storia migliore della sinistra – perché fu soprattutto la sinistra a promuovere un revisionismo storico sulle colpe dell'Occidente – ed è diventato senso comune, una consapevolezza di massa. Ma dopo gli anni Sessanta questo revisionismo si è cristallizzato, stereotipato, fino a diventare una caricatura, un'ideologia fanatica e intollerante. È quel che in America chiamiamo «politically correct» nella versione più deteriore.

Nel capitolo successivo mi occuperò di questa criminalizzazione dell'Occidente nelle sue versioni più sciocche. Qui voglio tornare al tema dell'immigrazione. Si è passati in poco tempo da un estremo all'altro: i nostri antenati italoamericani (così come gli irlandesi o gli ebrei russi e i polacchi alla fine dell'Ottocento e nel primo Novecento) immigrarono in un'epoca in cui avevano solo doveri. Le ondate più recenti di migranti arrivano in un'America dove la sinistra radicale parla solo dei loro diritti; compreso quello di violare la legge se la ritengono ingiusta. Questo spaventa, a ragione, chi è cresciuto con una certa idea di cittadinanza, di ordine, di stabilità.

Ai tanti paesi in cui la destra sovranista ha ottenuto un buon risultato elettorale, nel 2018 si è aggiunta la Svezia. Tra gli opinionisti di sinistra è scattato il solito riflesso pavloviano: automaticamente hanno applicato alla Svezia la spiegazione usuale, cioè «la peste nera che avanza», il populismo razzista che dilaga, eccetera. Sono formulette così semplici che ti risparmiano la fatica di analizzare, studiare, riflettere. A me insospettiscono. Anche perché ho una parentela svedese (acquisita), e nei miei viaggi da nomade globale ho incluso talvolta l'Estremo Nord. Ma soprattutto ricordo bene l'epoca in cui noi di sinistra ammiravamo il modello svedese, tanto avanzato: sindacati forti, socialdemocrazia generosa di Welfare, tasse spietate per i ricchi, ottime scuole, più il femminismo, l'ambientalismo, la politica estera fatta di aiuti ai paesi poveri. Come si trasforma un popolo così civile in un'orda di barbari fascisti? Siamo di nuovo nell'ambito della virologia, delle epidemie di massa che stravolgono intere nazioni? I dati, se uno fa la fatica di studiarli, dicono che la Svezia ha esteso la generosità del suo Welfare agli stranieri, erogando a chiunque entrasse sussidi che in Italia sarebbero degli stipendi. In nome dell'espiazione delle colpe dell'Occidente, anche la sinistra svedese ha evitato di «imporre valori» ai nuovi arrivati. Finché è giunto il collasso, e la reazione di rigetto. Una parte degli immigrati si è portata dietro ideologie dell'odio come il jihadismo, coltivandole in Svezia grazie ai predicatori prezzolati dal mondo arabo. In quanto al Welfare, i tagli sono divenuti inevitabili anche nell'Estremo Nord. Negli anni del miracolo socialdemocratico, quando per noi il modello svedese era un faro, la quota di popolazione straniera era intorno al 6 per cento del totale. Oggi è più che triplicata. E gli svedesi, che da generazioni si autotassano disciplinatamente con livelli di pressione fiscale tra i più alti del pianeta per mantenere quel Welfare, qualche anno fa hanno cominciato a chiedersi se sia giusto che il primo arrivato varcando la frontiera erediti immediatamente il diritto a tutte le generose assistenze scandinave. Poiché la sinistra vuole ripetere soltanto che l'immigrazione è benefica, anche gli svedesi hanno cominciato a votare diversamente. Fascisti? Peste nera?

L'idea che un certo controllo delle frontiere sia l'anticamera del fascismo è contraddetta dalla storia americana. Quella la conosco bene. (L'ho studiata e poi anche ripassata per ottenere la cittadinanza, e questo lo trovo giusto: qui, dove vige lo *ius soli*, per diventare cittadino si deve sostenere un esame basato su lingua, storia, Costituzione.) Gli Stati Uniti hanno alternato periodi di grande apertura e di grande chiusura delle loro frontiere. Non c'è nulla di ineluttabile nell'immigrazione, governarla si può. Tra coloro che vollero controllarla in modo severo ci furono due presidenti di sinistra come Franklin Delano Roosevelt e John Kennedy. Il primo fu il leader del New Deal, che creò un Welfare moderno quando non esisteva, per esempio fondando il sistema pensionistico della Social Security. Kennedy, di origine irlandese, rafforzò il potere dei sindacati. Durante gli anni della sua presidenza, breve perché conclusa dall'assassinio, l'America aveva aliquote fiscali «svedesi», i più ricchi erano colpiti con una progressività spietata. Il periodo di storia americana compreso tra Roosevelt e Kennedy è quello che più si avvicina a un modello di tipo socialdemocratico, per la solidarietà coi più deboli e per i diritti del mondo del lavoro. È stato anche un momento di restrizione dei flussi migratori, con quote etniche e limiti severi. Questo ribadisce e rafforza il «teorema svedese»: puoi costruire una società molto egualitaria e molto solidale finché esiste una certa omogeneità; quando la diversità etnica aumenta a dismisura, la coesione sociale si sfalda. L'America dell'epoca Roosevelt-Kennedy aveva il 5 per cento di stranieri. Scomparso Kennedy, iniziò una fase nuova, con l'apertura delle frontiere; e poco dopo cominciò l'attacco ai sindacati, lo smantellamento del Welfare, la privatizzazione di tutto, la dilatazione delle diseguaglianze. Oggi in America gli stranieri sono il 15 per cento, pressoché triplicati come in Svezia. E non c'è quasi più nulla del modello socialdemocratico Roosevelt-Kennedy.

Una lezione aggiuntiva dagli Stati Uniti riguarda il nesso tra immigrazione e insicurezza. Un argomento che è stato spesso usato dalla sinistra americana, con ottime ragioni, parte dal «caso New York». Questa metropoli è una specie di vetrina-modello per chi vuol dimostrare che si può accogliere l'immigrazione senza peggioramenti sul fronte dell'ordine pubblico e della sicurezza dei cittadini. La Grande Mela ha visto arrivare un milione di nuovi immigrati in un decennio, e nello stesso periodo i reati hanno continuato a diminuire. È una città molto più sicura, oggi che vi abito, di quando ci venivo da ragazzo e interi quartieri erano inavvicinabili, soprattutto per un bianco, a causa del degrado e della violenza. È un esempio che conosco bene, nei suoi pregi e nei suoi limiti. Di certo la città è la conferma che si può creare – con il contributo di tutti – una comunità multietnica dove le varie componenti convivono pacificamente, nel reciproco rispetto. Alcuni ingredienti del sistema newyorchese, però, li vedo difficilmente esportabili in Europa. Avete presente quanta polizia c'è per le strade di New York? A creare un modello di convivenza armoniosa ha contribuito una «occupazione del territorio» da parte delle forze dell'ordine che altrove verrebbe definita militarizzazione. A furia di viverci mi sono talmente abituato al via vai incessante di pattuglie della polizia, in auto o a piedi, che visitando Israele mi è capitato di sentirmi quasi a disagio perché vedevo pochi agenti in giro. In Israele. Di certo a New York tutte quelle divise per le strade trasmettono un messaggio chiaro: la società multietnica funziona se rispetti le regole; sennò guai a te. È obbligatorio ricordare che la popolazione carceraria, a New York come in tutti gli Stati Uniti, è un multiplo di quella europea a parità di abitanti. Il miglioramento della sicurezza è reale, innegabile, perfino spettacolare in una New York che fu pericolosa e oggi è ampiamente bonificata. Ma la sinistra newyorchese – quella che amministra col consenso dei cittadini, a cominciare dal governatore più volte eletto e di origini italiane, Andrew Cuomo – non ha mai rinnegato veramente la «tolleranza zero» di Rudolph Giuliani, ex magistrato antimafia e poi sindaco. È questo il prezzo da pagare perché l'aumento della diversità etnica sia compatibile con un miglioramento della sicurezza dei cittadini? È un tema scomodo, difficile, che la sinistra dovrebbe almeno osservare a occhi aperti, anziché raccontare favole a lieto fine, dove tutti vissero felici e contenti perché erano buoni e si volevano bene.

Tra le formule memorizzate dagli opinionisti di sinistra, ce n'è una che avrete sentito centinaia di volte: «Gli immigrati vengono a fare i lavori che noi non vogliamo più fare». A ripeterla sono bravi tutti. Ma chi affronta la fatica di compiere un'indagine sul campo, settore per settore, mestiere per mestiere? Certo conosciamo alcuni esempi estremi. La raccolta del pomodoro nel Mezzogiorno non attira i neolaureati in lettere con passaporto italiano. E nel trevigiano, o in altri distretti industriali del Nordest dove l'export va a gonfie vele, scarseggiano gli operai e per fortuna ci sono i romeni. Le tipologie dei lavori, però, sono più varie e numerose. Nei paesi dove finalmente si esce dal generico e gli economisti – anche di sinistra! – fanno il loro mestiere, si scopre che tanti lavori vengono svolti sia dalla manodopera locale, sia da quella immigrata. E sono proprio quelli della nuova classe operaia dove abbondano tanti nuovi poveri tra i nostri connazionali. Il risultato dell'immigrazione è ovvio: i livelli salariali si abbassano, o rimangono bassi, rispetto a quel che sarebbero senza immigrazione. E se certi mestieri manuali sono diventati meno «appetibili», se per reddito e status sono oggi considerati sinonimo di declassamento, in mancanza di manodopera straniera i nostri datori di lavoro avrebbero dovuto alzare le retribuzioni, fino al punto da renderli di nuovo attraenti. L'immigrazione, da sempre, è stata usata dai capitalisti per indebolire il potere contrattuale dei dipendenti. Era così negli anni Cinquanta, quando Agnelli importava operai dal Sud per indebolire la Cgil; non è mai cambiato. Non è un caso se i top manager delle multinazionali americane e gli editorialisti del «Wall Street Journal» sono ferocemente contrari a Trump sull'immigrazione. Aprire gli occhi di fronte a queste verità non significa darne la colpa agli immigrati. È ovvio che anche loro preferirebbero essere pagati molto di più. Non è certo per impoverire i lavoratori del luogo che sono costretti a immigrare. Ma la sinistra s'istupidisce e racconta favole se per paura di criminalizzare gli immigrati chiude gli occhi di fronte a questa realtà: gli industriali, i ricchi, hanno sempre voluto le frontiere aperte, e sapevano benissimo quel che volevano.

Una variante dell'argomento economicista («vengono a fare i lavori che noi non vogliamo») è quella che ci spiega come l'immigrazione in quanto tale arricchisca il paese che la riceve. Per forza, questo chi potrebbe negarlo. Qualsiasi aumento della popolazione – in quanto sono gli esseri umani all'origine del reddito nazionale – fa aumentare il Prodotto interno lordo e quindi rende più ricca la comunità nel suo insieme. Sottolineo, però, «nel suo insieme». Sappiamo benissimo che un conto è il Pil, altra cosa è la situazione dei singoli cittadini, dei lavoratori, delle famiglie. L'afflusso di nuova popolazione può avere effetti redistributivi. Se l'immigrazione contribuisce a mantenere bassi i salari in una serie di mestieri, per chi svolgeva già quei lavori l'effetto non è di arricchimento. Il fatto che le società occidentali siano diventate più diseguali mentre diventavano più multietniche, che abbiano visto aumentare il numero dei nuovi poveri (anche nuovi poveri «nazionali») forse meriterebbe un po' più di attenzione da parte della sinistra.

Infine, per favore, evitiamo l'altra banalità per cui «gli stranieri ci pagheranno le pensioni». Certo che gli immigrati mediamente sono più giovani della popolazione residente; e se oltre a lavorare pagano i contributi, danno più risorse all'Inps e quindi come primo impatto migliorano gli equilibri della previdenza. Poi però invecchiano anche loro, e se hanno pagato i contributi riscuoteranno giustamente la pensione. Per continuare a godere di un influsso benefico sui conti pubblici, dovranno arrivare altri immigrati giovani, e altri ancora. Aumentando anche in percentuale sulla popolazione italiana. E dunque con una modifica continua, progressiva, della composizione etnica del paese. Non sono gli immigrati di oggi ad attenuare il nostro problema pensionistico, occorre che l'immigrazione continui per sempre. Come minimo i cittadini italiani hanno il diritto di essere consultati per sapere se è questo che desiderano. Non può essere una questione decisa dall'alto, dall'algoritmo dell'Inps e dagli esperti. Perché una delle cose che allontanano dalla sinistra il consenso di tanti strati popolari è proprio l'idea che la sinistra dei tecnocrati «sa qual è il nostro bene per il futuro, e lo decide senza bisogno di chiedere il nostro parere». Il sospetto che tecnocrati e intellettuali di sinistra abbiano deciso una volta per tutte di sostenere una gigantesca operazione di ingegneria socio-etnica, trasformando in modo irreversibile la composizione dei nostri paesi perché «questo è il futuro», alimenta diffidenze e sospetti che favoriscono i sovranisti.

Quando altri argomenti più idilliaci non funzionano, c'è una sinistra «realista» che ripiega su questo: l'immigrazione è semplicemente ineluttabile. Viviamo in un mondo globalizzato dove le frontiere non sono veramente difendibili. E poi le differenze tra Nord e Sud del pianeta sono talmente estreme che è impossibile frenare chi è mosso a emigrare dalla miseria, dalla sofferenza, dalla disperazione. L'argomento suona molto realistico ma è falso. Le disparità (Nord-Sud, Est-Ovest che siano) sono sempre esistite, anzi, in passato erano ben più acute di oggi. Uno dei benefici reali della globalizzazione è stato di ridurre la distanza tra le nazioni, anche se si sono accentuati i divari al loro interno. Il precedente storico che ho ricordato, dell'America tra Roosevelt e Kennedy, è la prova che l'immigrazione può diminuire quando lo si decide e che i flussi possono essere sensibilmente controllati. Nel mondo di oggi ci sono paesi, come il Giappone, sostanzialmente chiusi all'immigrazione per una scelta politica e culturale. Si può essere d'accordo o in disaccordo con chi propone il modello americano anni Sessanta oppure il Giappone dei nostri giorni. È disonesto, invece, chiudere la bocca ai dissenzienti dicendo «è impossibile governare i flussi migratori, sono inarrestabili».

Un altro esempio interessante, a dimostrazione che non c'è nulla di ineluttabile, è il Messico. Un tempo veniva da lì la maggior parte dei migranti clandestini negli Stati Uniti; oggi ci sono guatemaltechi e honduregni, ma i messicani sono diminuiti, molto, nonostante siano i più vicini al confine. La spiegazione è semplice: l'economia messicana ha iniziato a creare più posti di lavoro, riducendo quindi il bisogno di emigrare. La maggioranza di noi, se messa in condizione di vivere dignitosamente a casa propria, preferisce rimanerci. Questa è un'alternativa felice in tutti i sensi. L'emigrazione impoverisce il paese di partenza, in tanti modi. Partono i migliori, i più dotati, e anche i più coraggiosi, in genere: quelli che hanno talenti da vendere su un mercato del lavoro più avanzato. Partono spesso anche i membri delle élite intellettuali, che sanno destreggiarsi per inserirsi in una società straniera. Questo depaupera non solo l'economia della nazione che si lascia, ma pure la sua società civile e la sua politica. Lo sappiamo bene che l'emigrazione dal nostro Mezzogiorno indebolì anche la parte più agguerrita nel contrastare le mafie. Se tutti i meridionali che si rifecero una vita in America o in Germania fossero rimasti a casa loro, i boss mafiosi avrebbero trovato una resistenza più forte.

Ma tutte queste verità scompaiono nella polemica quotidiana, perché pare che sia diventato di destra «aiutarli a casa loro». Una frase colpita da scomunica. Chi la pronuncia è sospetto, evidentemente è un razzista. Poiché vuole tener chiuse le frontiere ai migranti, se la cava con questo alibi: «aiutiamoli a restare là». Per fortuna alcuni economisti inglesi di sinistra hanno attirato l'attenzione su dati come questo: nel sistema ospedaliero della sola città di Londra è impiegata la metà dei medici del Malawi, uno degli Stati più poveri d'Africa e del mondo. Attirando le sue élite a Londra, stiamo aiutando quel paese? No.

È sconcertante la contraddizione che attraversa la nostra sinistra, quella stessa che va giustamente fiera del volontariato italiano disposto a sfidare il pericolo per impegnarsi di persona, lavorando nei paesi poveri per creare condizioni di sviluppo e rinascita. Fra questi volontari c'è un lungo elenco, purtroppo, anche di vittime italiane. Ne ricordo solo alcune. Annalena Tonelli uccisa in Somalia nel 2003 dopo trent'anni di volontariato e la creazione di un ospedale. Rita Fossaceca, uccisa in Kenya nel 2015, volontaria dell'onlus ForLife, dottoressa in un orfanotrofio. E mentre scrivo è nelle mani dei suoi sequestratori Silvia Romano, rapita nel novembre 2018 in Kenya dove lavorava per l'onlus Africa Milele. Queste persone straordinarie, come tanti altri volontari italiani, per esempio quelli di Emergency, sono andate ad aiutarli a casa loro. È una cosa di destra?

II

Sempre colpa dell'Occidente: ombelico del mondo

«Aiutarli a casa loro», perché non debbano emigrare? C'è un paese africano che ce lo sta chiedendo. Ha legami storici con noi («occupato» brevemente, non colonizzato, così ama definirsi), ma non ce ne serba alcun rancore, anzi ci vorrebbe più presenti. È considerato il miracolo africano del momento, per la crescita economica. Il suo giovane premier è una star mondiale. È Abiy Ahmed, il quarantaduenne riformatore alla guida dell'Etiopia. Un colosso da 105 milioni di abitanti (forse molti più, ce lo dirà il censimento in corso), con tassi di crescita «cinesi», in tutti i sensi. Una nazione che potrebbe servire da guida a tante altre del continente nero. Forse.

Nello stesso periodo in cui l'Italia era appesa al destino dei 47 disperati a bordo della *Sea Watch 3*, mi sono dedicato a un lungo viaggio nell'Africa nera. Mi permetto di sottolineare una sproporzione. Per intere settimane, a giudicare dallo spazio sui media italiani, è sembrato che il trattamento riservato a quei 47 profughi fosse l'unico modo per giudicare il paese in cui viviamo. La sorte di quei 47 migranti era il test da superare per capire se sappiamo governare i flussi migratori (visto da destra) o se sappiamo dimostrare umanità, solidarietà, rispetto dei diritti umani (visto da sinistra). In Africa vivono 1,2 miliardi di persone, la stragrande maggioranza delle quali sogna un futuro dignitoso là dove è nata. A metà del secolo – cioè fra soli trent'anni – secondo l'Onu potrebbero sfiorare i 2 miliardi. Quasi quanto Cindia. La grande questione del nostro tempo – economica, sociale, umana, morale – è se l'Africa riuscirà finalmente a liberarsi dal sottosviluppo, e darà una risposta adeguata alle aspirazioni di una parte così vasta dell'umanità. Se non ci riuscisse, le ondate di profughi potrebbero diventare molto più grandi, e più difficili da governare. Se ci riuscisse, la storia del mondo imboccherebbe una strada diversa, così com'è accaduto in Cindia e nel Sudest asiatico, dove la miseria degli anni Cinquanta sembra appartenere alla preistoria.

Ma quel che sta accadendo davvero in Africa non pare interessare nessuno, neanche i più progressisti. Da quando «aiutarli a casa loro» è diventato uno slogan di destra (incredibile ma vero), alla sinistra più militante interessano solo le imbarcazioni che solcano il Mediterraneo. E non importa se in termini numerici questi disperati sono una frazione minuscola degli stessi profughi che rimangono in Africa. In Etiopia, per esempio: quattro milioni di rifugiati nazionali ed esteri, fuori dalla portata della Sea Watch e delle altre ong impegnate nel Mediterraneo. Ma sia chiaro: tante altre ong, tanti altri volontari, tante agenzie umanitarie, tanti missionari lavorano in Africa, e anche nei campi profughi di quel continente. Sono ovviamente più numerosi, quelli che lavorano sul campo, ma per loro la visibilità mediatica è pari a zero. Non meritano attenzione perché non sono appetibili come simboli per i talk show, dove conta solo schierarsi pro o contro Salvini.

Tra le cose che mi hanno attirato in quel paese e me lo hanno fatto scegliere c'è la sua storia particolare. L'Etiopia, come ho già accennato, non entra nella vicenda del colonialismo bianco. Hanno ragione gli etiopi quando insistono nel parlare di «occupazione» italiana per sottolinearne la brevità (cinque anni, tra il 1936 e il 1941) e quindi la sostanziale irrilevanza rispetto alla lunghissima storia del loro paese. Gli italiani si macchiarono di alcune atrocità, di qualche massacro orribile, come la strage ordinata dal maresciallo Graziani, ma nulla di troppo diverso da quello che i clan dominanti locali avevano inflitto alle etnie soggette, alle minoranze sconfitte e sottomesse nel corso di secoli. Perché uno degli aspetti interessanti della storia dell'Etiopia è la sua dimensione imperiale antica e autonoma. Altre nazioni africane, quando si liberarono dal giogo coloniale e conquistarono la propria indipendenza (tra gli anni Cinquanta e gli anni Sessanta, perlopiù), spesso vollero copiare i colori della bandiera etiope in omaggio al paese che era stato indipendente da sempre.

Anche gli intellettuali afroamericani hanno sempre avuto un'ammirazione speciale per l'Etiopia. Bob Marley e la musica reggae giamaicana accompagnano il culto religioso rastafari in cui la figura dell'imperatore etiope Hailé Selassié è riconosciuta come una divinità. Il fascino di questo vasto territorio è comprensibile: vi nacque la specie umana, lì infatti è stata ritrovata la nostra antenata Lucy, *Femina sapiens* di 3,2 milioni di anni fa. La prima sovrana etiope che acquista un posto di rilievo nel nostro immaginario storico-mitologico è la regina di Saba, protagonista dell'incontro con re Salomone. Da quel momento in poi, anche se non si chiama ancora Etiopia né Abissinia, quella parte dell'Africa è culla di imperi indigeni. Potenze autoctone, che intrecciano relazioni con l'Egitto e il Sudan, con l'altra sponda del Mar Rosso (araba) e dell'Oceano (India).

Studiare la storia etiope serve a vaccinarci dal vizio che perseguita noi occidentali: quello di credere che siamo l'ombelico del mondo. Ovverosia, nella versione politically correct, dal dogma per cui ogni sofferenza dell'umanità contemporanea si deve ricondurre alle colpe dell'Occidente, dell'uomo bianco. Basta scavare bene, basta seguire le piste giuste, rispolverare le dietrologie adeguate, e alla fine spuntiamo sempre noi, il nostro colonialismo, il nostro imperialismo, il nostro capitalismo. Solo espiare le nostre colpe può appagare una sinistra che non apre mai i libri di storia.

L'Etiopia va fiera dei suoi libri di storia, che raccontano una vicenda un po' diversa dai luoghi comuni e dagli stereotipi superficiali. E ci ricordano che è esistito un imperialismo africano: aggressivo, prepotente, predatore, molto prima che si affacciasse quello bianco. Le tensioni etniche che attraversano le varie componenti della popolazione etiope non le abbiamo fabbricate noi, è da duemila anni che re e imperatori autoctoni sfruttano i popoli vinti. Lo schiavismo, lo praticano da sempre: anche quello non è un orrore dell'uomo bianco. Il commercio degli schiavi è più antico di quello dell'oro, dell'incenso e della mirra, in tutta l'Africa; è sempre stato un sottoprodotto delle guerre di conquista fra potenze locali. Ne divennero grandi intermediari esterni gli arabi, specialisti nella tratta degli schiavi su lunghe distanze, anche intercontinentali. Naturalmente fece un salto di dimensioni quando incrociò la conquista delle Americhe da parte dei bianchi, e la manodopera africana in schiavitù servì il business delle piantagioni di cotone, tabacco, canna da zucchero nel Nuovo Mondo. Ma non c'è nulla che l'Occidente abbia inventato in questo campo: se non l'abolizionismo.

L'Etiopia non può e non vuole attribuire a noi i suoi problemi. Non solo non è mai stata una colonia dei bianchi, ma nella sua storia recente ha scelto per un lungo periodo di agganciarsi all'altro polo, l'anti-Occidente per eccellenza, l'Unione Sovietica. Ora rischia di scivolare verso un altro anti-Occidente, la Cina. È dunque un punto di osservazione speciale: la si può attraversare con gli occhi bene aperti, senza avere lo sguardo velato dall'ossessione che in Occidente ci sia l'origine, la spiegazione, la colpa di tutto.

Ma un aggancio molto particolare con la sinistra politically correct risale alla grande carestia etiope del 1984: fu una delle tragedie che diedero origine alla cultura pop-umanitaria. L'ecatombe di bambini etiopi, del tutto simile a quella degli anni Settanta, quando erano stati abbandonati a morire di fame da un imperatore che aveva un miliardo di dollari nelle banche svizzere, fu rivelata all'Occidente dal servizio di un reporter inglese. L'esordio dei musicisti Bob Geldof e Bono come coscienze critiche della gioventù occidentale, le loro campagne per l'Africa, affondano le radici in quegli eventi. Le loro intenzioni sono state nobili e pure, ma l'idea di partenza era sempre quella: noi siamo la causa, noi siamo la soluzione, se soltanto facciamo le cose giuste. Onnipotenti. Nel male e nel bene. Ombelico del mondo.

La vera Etiopia si scopre lasciando la capitale, i suoi grattacieli in costruzione, i suoi ingorghi e il suo smog. L'Onu ha la maggiore sede africana a Addis Abeba, ma se i funzionari internazionali restano lì hanno una visione parziale della vera situazione del paese. Prendere un volo fino a Bahir Dar, spingersi su strade sterrate fino agli altipiani della regione del Benisciangul-Gumus, offre una prospettiva differente. Una puntata nelle zone rurali ridimensiona un po' l'entusiasmo per il «miracolo etiope», pubblicizzato nel mondo dal premier celebrity Abiy. Un'ora di strada asfaltata da Bahir Dar, due di strada sterrata (impraticabile nella stagione delle piogge), un'ora finale di arrampicata a piedi, e si raggiunge una realtà completamente diversa, all'opposto di Addis Abeba.

Lungo il percorso incrocio bambine e bambini che trasportano sulle spalle taniche d'acqua o canne da zucchero o cesti pieni di cipolle, camminando nella polvere per tragitti lunghissimi. Altri bambini lavorano nei campi coi genitori, la schiena piegata in due. I contadini usano aratri di legno come mille anni fa; non hanno mai visto un trattore. Carretti trainati a mano, al massimo da un asinello. Pastorelli sorvegliano mandrie di mucche «indiane» (la razza con la gobba), magre quanto i loro padroni. Arrivo in cima a una collina abitata da etnie tribali di origine sudanese, e i segni di una povertà estrema sono evidenti. Non la fame, perché la terra è fertile e i contadini non mancano di cibo. Però nella folla di bambini che accorrono a osservare i visitatori bianchi si notano delle pance gonfie (infezioni da vermi intestinali, dice un esperto che mi accompagna) e occhi malati.

La distanza che abbiamo percorso è una barriera tremenda per chi ha bisogno di raggiungere un ambulatorio; o una scuola. Né si trovano insegnanti disposti a un simile pendolarismo per il magro stipendio statale. Perché i bambini non rimangano analfabeti un vescovo locale ha addestrato due ragazze del posto, uniche e inesperte maestre per tutte le classi: centinaia di bambini di età diverse riuniti in un grande hangar. Il vescovo ha chiesto aiuto al direttore di una ong umanitaria americana, Gabriele Delmonaco di A Chance In Life, che organizza il viaggio cui partecipo col progetto di portare una scuola vera fino a questo luogo remoto. La gente di qui – e di molte altre regioni rurali che ho attraversato – abita ancora nei tradizionali tucùl: muri di terra e sterco, tetti di paglia. Il bestiame dorme insieme agli umani. Entrando, la prima impressione è di trovarsi in una camera a gas: il fuoco è perennemente acceso, per scaldarsi di notte e anche bruciare erbe aromatiche che scacciano zanzare da malaria, zecche e altri insetti micidiali. Gli incendi sono frequenti; anche le malattie polmonari, per chi respira tanto fumo. L'elemosina, o il regalo, che i bimbi di qui ci chiedono più spesso è una penna biro.

Nella cittadina di Bahir Dar incontro un medico inglese, David, venuto a lavorare come volontario nel policlinico «universitario» aperto da poco – appena il secondo ospedale in un'area che ha 15 milioni di abitanti – e ancora sprovvisto delle attrezzature più essenziali. È un ortopedico ma gli capita di dover operare feriti da armi da fuoco che arrivano da zone di combattimento dove le faide etniche non sono sopite. L'Etiopia ha una buona fama di questi tempi perché è un'oasi di stabilità politica e di riforme, circondata da vicini tragicamente turbolenti o repressivi: Sudan, Eritrea, Somalia. Ma il modello etiopico, come mi spiega un esule eritreo consulente dell'Onu, poggia su un equilibrio fragile. È una federazione etnica dove i ricordi delle oppressioni reciproche sono ancora freschi, ferite aperte. Storicamente la minoranza tigrina ha controllato il potere e le armi, gli amhara dominano l'economia, mentre la maggioranza oromo solo di recente ha conquistato il governo con Abiy. Nel paese si contano circa 80 etnie e almeno quattro comunità religiose: cristiana ortodossa, musulmana, protestante e cattolica, in ordine di grandezza. L'idea di Stato è ancora un'astrazione, esercito e polizie federali sono milizie dei movimenti di liberazione etnici, riconvertite di recente. Il contesto internazionale non aiuta: la Russia «perse» l'Etiopia con la caduta del dittatore comunista Menghistu (1991); l'Occidente simpatizza con Abiy ma scommette pochi capitali su di lui; la vera contesa per l'egemonia qui è tra la Cina e l'Arabia Saudita. Pechino costruisce infrastrutture; gli arabi edificano moschee e attraverso l'importazione di manodopera etiope (soprattutto colf) operano un'islamizzazione strisciante (per lavorare sull'altra sponda del Mar Rosso conviene adattarsi ai costumi locali).

Se confrontata con la maggioranza dei paesi subsahariani l'Etiopia è un modello avanzato, quasi un'oasi felice, per varie ragioni. Tutte un po' precarie. È il granaio d'Africa, una vera potenza agricola col più grande patrimonio di bestiame di tutto il continente, di che sfamare i suoi abitanti e anche esportare. Ma fu teatro di carestie storiche, due delle quali contribuirono alla caduta dei due ultimi regimi (Hailé Selassié, Menghistu). Quella del 1973, che fece oltre duecentomila morti finché Selassié riuscì a nasconderla, ebbe un ruolo anche nella successiva «cultura degli aiuti» in Occidente, i cui errori sono stati analizzati con severità dalla economista Dambisa Moyo dello Zambia (*La carità che uccide*, Rizzoli, 2011). Com'è possibile morire di fame in una nazione così fertile, con tanti laghi e fiumi? L'eccessivo sviluppo degli allevamenti ha contribuito all'erosione dei terreni. La parcellizzazione delle terre non incentiva gli investimenti in tecnologie. L'industria agroalimentare è quasi inesistente: rara eccezione è Illycaffè, che ha costruito un rapporto con contadini e imprenditori locali, come la famiglia di Ali e Ahmed Legesse a Sidamo. La mancanza di infrastrutture e la politica – l'ossessione per il prestigio dei dittatori, le contese etniche – hanno rallentato l'arrivo di aiuti quando alcune regioni erano colpite da siccità.

L'altitudine di gran parte del territorio protegge il paese anche da molti flagelli tropicali-equatoriali; purtroppo solo in parte. C'è meno malaria, febbre gialla e tifo che in altre aree africane. Ma queste malattie non sono del tutto debellate. Altre sono endemiche per la mancanza di acqua potabile e per le fognature a cielo aperto. Perfino i medici locali e i volontari di lungo corso si sono beccati almeno una volta malaria o febbre tifoide o dissenteria. La mortalità infantile elevata (che riduce l'età media della popolazione poco sopra i cinquant'anni) si spiega con l'assenza di un'igiene di base. L'acqua pulita resta un bene irraggiungibile in campagna. «Hai un bell'insegnare che bisogna lavarsi le mani» mi dice la suora indiana che dirige un ambulatorio nella zona abitata dai gurage (regione di Shewa) «ma scavare un pozzo artesiano costa 70.000 euro, l'acqua buona per lavarsi qui non c'è.»

Risorsa preziosa, l'acqua non serve solo per bere e lavarsi: è la più grande fonte d'energia. La Salini Impregilo sta costruendo la quarta grande diga nazionale e sta ultimando quella che viene definita la «diga della rinascita» (la Grand Ethiopian Renaissance Dam), la più grande d'Africa. Egitto e Sudan seguono con preoccupazione questi progetti con cui l'Etiopia controlla a monte il flusso del Nilo Azzurro. L'astuto Abiy è andato al Cairo a garantire che esporterà energia anche ai paesi vicini. Eppure l'elettricità non basta nemmeno all'Etiopia: i blackout sono continui.

La dottoressa tedesca che da trent'anni dirige l'ospedale di Attat, vicino a Welkite, nella regione dei gurage, confessa qual è il sogno della sua vita: «Poter lasciare tutto in mano a loro, a medici e personale etiope, senza più bisogno di una supervisione o di volontari stranieri». Ma proprio il personale medico è un serbatoio di talenti apprezzati all'estero, che vanno ad aumentare i ranghi della diaspora. C'è una singolare triangolazione con l'India: molti medici indiani emigrano in America e in Inghilterra, gli ospedali di Mumbai, Delhi e Bangalore ora reclutano etiopi.

Alla mia partenza, l'aeroporto internazionale di Addis Abeba mi consegna un'ultima immagine di questo paese: il terminal è invaso da cinesi, sembra di essere allo scalo di Shanghai. Dambisa Moyo sostiene che dagli anni Sessanta ogni decennio ha visto una nuova «teoria» su come innescare uno sviluppo durevole dell'Africa. Stiamo vivendo nel decennio della teoria cinese. Finirà meglio delle precedenti? Non è una domanda retorica né ironica. Avendoli visti al lavoro per asfaltare le strade verso Awassa nel Sidamo, regione del caffè, ho rivalutato l'importanza dei loro investimenti: non sono solo predatori; anche se nella popolazione locale cresce la diffidenza.

Sul volo, la mia vicina di sedile è diretta a San Francisco. È un'infermiera etiope qualificata, assiste chirurghi in sala operatoria. Ha lasciato il suo paese sei anni fa: assunta dal policlinico di Stanford nella Silicon Valley.

Seconda nel continente per popolazione, e la più grossa economia di tutta l'Africa orientale, questa nazione in cui il 70 per cento degli abitanti ha meno di trent'anni non crea posti di lavoro sufficienti per i suoi giovani. Mentre io ero in Etiopia il premier Abiy visitava Roma avanzando proposte concrete: vorrebbe che fossero gli italiani a costruire la ferrovia di collegamento tra Addis Abeba e il porto di Massaua in Eritrea. Se non si faranno avanti i nostri imprenditori, è probabile che sia questa la prossima grande infrastruttura «made in China». Per il momento i fondi italiani per la cooperazione, 125 milioni in tre anni destinati all'Etiopia, sono briciole al confronto degli investimenti cinesi, e non solo quelli.

Non passa inosservato il bambino cinese. È l'unico nella sua classe, circondato da volti molto diversi. Sto visitando una prima elementare a Emdibir, nella regione etiope di Shewa. La maestra, davanti al visitatore straniero, fa ripetere ad alta voce qualche saluto in inglese, ritmato gridando in coro: «Hello», «How are you?». Anche il cinesino esegue, composto, concentrato nello sforzo di pronuncia. Poi mi offrono una piccola esibizione musicale, stavolta in lingua amarica. A turno, in un girotondo gioioso, ogni bambino si mette al centro del cerchio e canta mentre gli altri lo accompagnano. Quando tocca a lui, il cinesino fa la sua parte. Serio, senza un sorriso, diligente, scandisce a memoria la filastrocca etiope. Poi torna al suo posto, intimidito ma sollevato per non aver fatto figuracce rispetto ai compagni.

Ecco l'occasione per osservare da vicino l'invasione cinese. Il fenomeno è risaputo, ma spesso evocato in modo generico, senza conoscenza di causa. Vederlo da vicino è un'altra cosa. Le sorprese sono tante. Io cominciai a seguirlo dall'altro versante, il paese invasore. Quando mi trasferii in Cina quindici anni fa, la strategia africana era già conclamata. Nei cinque anni della mia vita a Pechino, puntualmente una volta all'anno la capitale ospitava un supervertice sino-africano. Arrivavano capi di Stato da tutto il continente nero, gli ingorghi stradali diventavano ancora più tremendi, piazza Tienanmen si affollava di bandiere nuove. Cifre già allora ragguardevoli sugli investimenti cinesi, i megacontratti firmati, venivano annunciate con orgoglio. La strategia africana venne esaltata da un progetto ancora più ambizioso, le Nuove Vie della Seta. Il XXI secolo doveva essere il «secolo cinese». Un modo per irradiare l'influenza della nuova superpotenza era costruire una rete globale di autostrade e ferrovie, porti e aeroporti, centrali elettriche, linee per le telecomunicazioni. Cominciarono le prime resistenze verso i nuovi colonizzatori, per esempio gli scioperi dei minatori di rame dello Zambia contro i padroni venuti dall'Estremo Oriente. Si scoprì anche che la generosità di Pechino ha i suoi limiti: molte grandi opere sono finanziate da prestiti e la Repubblica popolare esporta anche debito pubblico.

L'invasione però procede implacabile: in molti paesi africani, il rapporto tra gli investimenti cinesi e quelli occidentali è dieci a uno. Ma i grandi accordi governativi fra il regime comunista cinese e gli autocrati africani sono solo una parte di questa storia. Ce n'è un'altra, meno nota, più sorprendente, che pochi hanno conosciuto e raccontato. Tra questi c'è un collega americano, Howard French, che è stato corrispondente a Pechino e poi in Africa. È la storia di un'invasione dal basso, spontanea e privata. Almeno un milione di piccoli imprenditori cinesi, commercianti, intermediari, o avventurieri in cerca di fortuna, sono emigrati in Africa in cerca del loro Nuovo Mondo; senza chiedere permessi al proprio governo né ricevere istruzioni o aiuti. Un esodo biblico ispirato talvolta da insoddisfazione verso la Cina stessa. È una specie di nuova «conquista del West», perché questa fauna umana ha la stessa mentalità e si comporta come certi coloni bianchi quando traversarono l'America. La loro interazione con la popolazione locale è molto più ravvicinata e intensa, rispetto a quella degli eserciti di manager e tecnici delle grandi aziende di Stato cinesi che vengono a costruire strade e grattacieli. Il cinesino sperduto in quella classe di scuola materna dell'Etiopia rurale e povera, mandato dai suoi genitori a studiare l'amarico invece del mandarino, è la cavia di un nuovo esperimento gigantesco di mescolanza etnica, incontro-scontro fra civiltà, come all'epoca dello Scambio Colombiano che aprì mezzo millennio di egemonia dell'Occidente.

Perché l'Italia – e l'Europa, l'Occidente intero – ha interesse per il successo di Abiy? Che cos'ha fatto di eccezionale per essere diventato il leader africano del 2018, con «The Economist» che assegna all'Etiopia il ruolo di «speranza dell'Africa»? In politica estera ha firmato la pace con l'Eritrea ponendo fine a un conflitto ventennale. Ha portato distensione nelle relazioni con tutti i vicini e negozia collegamenti portuali a Gibuti. All'interno ha liberato prigionieri politici, ha allacciato il dialogo con gli oppositori in esilio, alcuni dei quali sono rientrati. Ha favorito l'ascesa di donne ai vertici: la prima presidente della Repubblica di tutta l'Africa e la prima presidente della Corte costituzionale. Non è poco, e si può aggiungere il suo talento di comunicatore. È un volto fresco e accattivante in un continente dove ancora dominano tanti gerontocrati tirannici. Nell'elenco delle promesse ci sono la liberalizzazione della stampa, le privatizzazioni (parziali) dei monopoli di Stato e l'organizzazione di libere elezioni nel 2020. Qui è ragionevole essere scettici. Non esiste una vera democrazia pluralista, la stampa e Internet sono ancora controllati. La politica è ingessata dentro le organizzazioni del Fronte democratico rivoluzionario che rovesciò la dittatura militare di Menghistu nel 1991. Soprattutto, la vita politica si svolge dentro la gabbia rigida del «federalismo etnico», che non ha affatto risolto le tensioni. Anzi, fomenta conflitti con centinaia di morti all'anno, soprattutto per la proprietà della terra. Lo Stato ne rimane infatti il proprietario di ultima istanza, e ai contadini concede contratti di affitto di lunga durata, ma con precise assegnazioni etniche. Spesso è questa la scintilla che fa esplodere la violenza, cui l'esercito risponde con repressioni, limitate ma sanguinose. Durante il mio viaggio ci sono stati bombardamenti nella regione degli oromo. La stessa pace con l'Eritrea – dittatura così feroce da essere paragonata alla Corea del Nord – rischia di essere solo un espediente tattico per l'ostilità comune verso la minoranza tigrina.

Nonostante i limiti di Abiy, un suo fallimento potrebbe essere fatale, per tante ragioni. L'Etiopia è l'unica grande nazione a maggioranza cristiana, circondata da forze islamiste che hanno disegni espansionisti. Ospita quasi un milione di profughi tra sudanesi, eritrei, somali. Nonostante i suoi problemi interni, in questo momento ha una funzione stabilizzatrice per il Corno d'Africa. Se dovesse implodere il miracolo etiope, le conseguenze si sentirebbero in tutte le direzioni, inclusi i flussi migratori. Il giorno in cui non fosse più l'Etiopia a trattenere i profughi dai paesi limitrofi, si può immaginare quali direzioni prenderebbero.

È singolare, o no, che «aiutarli a casa loro» sia diventato sinonimo di egoismo? E quando l'ultimo medico etiope avrà lasciato il suo paese per andare a guadagnare di più all'estero, continueremo a definire «generosa» la nostra accoglienza?

Lontano dall'Africa, dai suoi drammi, dalle sue speranze e dalle sue potenzialità, rieccomi al punto di partenza, al continente d'approdo di quella che fu la più gigantesca tratta degli schiavi. Oggi culla della cultura politically correct allo stato puro. Nella sua versione estrema, la sinistra americana batte tutte le sue sorelle europee. La rappresentazione della storia come una catena di crimini dell'uomo bianco ha il suo centro vitale nei campus delle grandi università. In Italia ci si limita a importare di seconda mano, a scimmiottare ogni vezzo, anche le cadute linguistiche più imbarazzanti. «Uomo bianco» è diventato un marchio infamante, lo si usa come un insulto nei titoli degli editoriali: a ogni episodio di razzismo la colpa viene estesa a un intero gruppo etnico. Scompare la responsabilità personale, dietro il gesto singolo di un razzista viene adombrata una tara collettiva, quasi genetica: essere bianchi ci rende sospetti, inclini al male. È la generalizzazione oscena che fortunatamente – se siamo persone civili – noi ci vietiamo di fare nel caso di un singolo reato commesso da uno straniero: sarebbe vergognoso commentare l'episodio pontificando sulla propensione al crimine di un generico «uomo nero», chi lo fa si squalifica immediatamente come un razzista ignorante e viscerale. La stessa generalizzazione diventa invece lecita, perfino nobile, quando è l'«uomo bianco» sotto accusa.

In America, questo capita a noi italiani, o italoamericani, anche per le colpe dei nostri antenati di cinque secoli fa: i navigatori-scopritori. Siamo più nella dimensione comica che in quella tragica, sia chiaro. Ma uno dei problemi della sinistra politically correct è anche questo: ha perso ogni senso del ridicolo.

L'episodio che vi racconto risale al Columbus Day dell'8 ottobre 2018. Quel giorno Leonardo da Vinci è costretto a sbarcare in America in soccorso di Cristoforo Colombo. Missione: sostituire un'icona macchiata di colpe con una più prestigiosa e meno controversa. Quasi uno scambio di persona, a fin di bene, per esaltare il meglio dell'Italia al riparo da polemiche. Sorvolando sulla deprecabile ignoranza della storia che affligge gli americani, e non solo loro. La curiosa operazione accade in quella giornata festiva che gli Stati Uniti celebrano a furor di popolo dal 1934 per decreto di Franklin Delano Roosevelt. Per difendere la festa dell'orgoglio italoamericano dalle accuse sul genocidio degli indiani, il Columbus Day nel 2018 cambia pelle. La festività viene slegata dalla figura del navigatore genovese che le dà il nome. L'ambasciata italiana di Washington e il consolato di New York (che cogestisce col sindaco Bill de Blasio la grande parata) hanno avuto la stessa idea: dedicare l'evento a Leonardo da Vinci, visto che nel 2019 ricorre il cinquecentesimo anniversario della sua morte. Molto meno contestato, il personaggio è abbracciato da celebrity come Bill Gates (che acquistò il Codice Leicester di Leonardo), il biografo di Steve Jobs, Walter Isaacson, che ha già in libreria il suo ritratto leonardiano, e Leonardo DiCaprio, che si prepara a interpretarlo in un film. A San Francisco, sempre i più radicali, hanno cambiato il nome alla festa che ora si chiama Italian Heritage Day, così la neosindaca afroamericana London Breed non ha problemi di coscienza a partecipare.

La metamorfosi più spettacolare ha il suo epicentro a New York, dove le celebrazioni hanno sempre avuto un'adesione di massa e dove la sfilata sulla Quinta Avenue rivaleggia ogni anno per numeri con quella del Saint Patrick Day irlandese. Nella versione 2018 niente caravelle, i genovesi vengono sovrastati dai milanesi. Regione Lombardia, Comune di Milano e Fondazione Stelline hanno un posto d'onore sulla Quinta dove si esibisce una rievocazione storica in costumi rinascimentali (da Vigevano), d'impronta leonardesca. Il museo della Morgan Library sulla Madison Avenue ospita un prezioso disegno di Leonardo. Lì viene proiettata in anteprima la versione corta del docu-drama *Being Leonardo da Vinci*, di Massimiliano Finazzer Flory. L'ambasciata di Washington e il nostro Istituto di cultura nella capitale federale si alleano con la Georgetown University e ospitano una giornata leonardiana incentrata sulla dimensione artistica. Astuto accorgimento, concentrarsi sul pittore. Meglio non ricordare quanta parte del suo talento fu al servizio della guerra, con le ingegnose macchine militari. Che comunque servivano a far stragi di bianchi europei, quindi non rientrano nei genocidi di cui si occupa il politically correct.

L'occupazione di campo leonardiana è una risposta difensiva agli appelli per la distruzione delle statue del comandante genovese, messo sommariamente sullo stesso piano dei generali sudisti-schiavisti della guerra di secessione. La protesta dei discendenti degli indigeni – spalleggiata dalle frange dell'estrema sinistra studentesca – tradisce lacune disarmanti, uno studio della storia fatto di caricature, poche idee, semplici e sbagliate. Colombo non fu uno stinco di santo, da governatore dell'isola di Hispaniola si macchiò di abusi sugli autoctoni. Ma durò poco e i danni furono limitati. Peraltro anche sulle nefandezze compiute dai professionisti della colonizzazione, i *conquistadores* spagnoli, la storia vera ridimensiona le stragi militari. In quanto allo schiavismo, era già largamente praticato dagli imperi precolombiani.

Da Jared Diamond a Charles Mann, una generazione di nuovi studiosi interdisciplinari che incrociano storia, genetica ed ecologia ha rivoluzionato ciò che sappiamo sulla conquista delle Americhe. Il ruolo delle armi fu limitato: i «nostri» moschetti erano di un'inefficienza imbarazzante. Genocidio ci fu, perché le Americhe erano popolatissime, ma fu batteriologico e involontario. Li contaminammo con malattie di cui eravamo portatori sani e da cui non avevano difese immunitarie. Peggio ancora fu la disseminazione di vermi e insetti, sementi agricole e maiali trasportati nelle stive delle nostre navi, tutti vettori di uno shock biologico. Fare di Colombo un antenato di Hitler, il progenitore di una «soluzione finale», è tipico di un paese dove non s'insegna la storia.

Avendo non pochi consensi tra gli italoamericani, Donald Trump è balzato sul Columbus Day abbracciandolo. «Questo orgoglioso cittadino di Genova con la sua determinazione ha ispirato generazioni di americani. La sua impresa storica ha aperto un'Età delle Scoperte. Mi appello al popolo degli Stati Uniti perché osservi questa giornata.»

Neanche Trump legge libri di storia; non legge *tout court*. Il suo intuito gli fa capire, però, quando la stupidità degli avversari gli regala delle vittorie facili facili.

III

Maduro-Putin eroi progressisti? Il drappo rosso e la fine del toro

Ci sono tanti modi per essere subalterni a Donald Trump. Il più insidioso colpisce i suoi oppositori. Più sono convinti di essere puri e duri, più s'infilano nella sua trappola. Per buona parte delle sinistre occidentali, l'orrido presidente degli Stati Uniti ha la funzione del drappo rosso davanti agli occhi del toro. Il toreador lo sa. Basta che sventoli quel colore davanti all'animale, e quello si lancia a capofitto, accecato dal furore. Che la povera bestia destinata al macello non ragioni è un vero peccato, per lei.

A me dispiace ancora di più se vedo una sinistra ridotta in quello stato, priva di lucidità, prigioniera di automatismi. Prevedibile, scontata, francamente noiosa. Qualsiasi cosa dica o faccia Trump bisogna urlare allo scandalo, profetizzare che l'Apocalisse è vicina per colpa sua. Disastro ambientale, tracollo dell'economia, terza guerra mondiale, rinascita dei nazifascismi: a giorni alterni una di questa calamità viene annunciata come imminente, e c'è lo zampino del cattivo americano. Ogni male che affligge l'umanità contemporanea – o quasi – bisogna ricondurlo ai gesti del mostro che siede alla Casa Bianca. La sindrome del drappo rosso agitato davanti al toro è seria e preoccupante, in quanto contagia persone di cultura e di provata intelligenza. Cito un esempio fra tanti, un autore per il quale ho vera stima: Ian Buruma, scrittore di origine olandese con una brillante carriera negli Stati Uniti dove è stato anche direttore della «New York Review of Books». In un articolo ripreso da molti quotidiani si è lasciato sfuggire che perfino l'estinzione delle balene è colpa di Trump. Il suo ragionamento contorto lega la ripresa della pesca a questi cetacei da parte del Giappone allo slogan «America First» di Trump. Ovvero: se l'America diventa unilateralista, sovranista e prepotente nel perseguire i suoi interessi, il Giappone la imita e fa strage di balene. Io ho memoria sufficiente per ricordare che i giapponesi perpetravano questi massacri quando ero adolescente, fregandosene già allora delle denunce di ambientalisti e animalisti. Ma anche l'estinzione dei cetacei addebitiamola a Trump, che non guasta...

Ci sono episodi più seri, più gravi e più vicini a noi, nel crescente rimbecillimento dei progressisti. Tanti di loro (americani, europei, italiani), se Trump si schiera contro qualcuno peggiore di lui, si sentono obbligati a solidarizzare col mascalzone. Un esempio? Maduro.

In Italia il Movimento 5 Stelle all'inizio del 2019 ha scelto di riscoprire la sua «anima di sinistra» nel peggiore dei modi: assolvendo un tiranno paleosocialista; bloccando il riconoscimento da parte del nostro governo di un'alternativa democratica alla guida del Venezuela. L'Italia è rimasta a guardare mentre tanti suoi concittadini – espatriati o italo-venezuelani con doppia cittadinanza – sono stritolati da un'emergenza umanitaria e dalla morsa brutale di un regime sanguinario.

Non sono solo i grillini a rispolverare le tradizioni più oscene della veterosinistra, del socialismo zombie. Un tweet «sfuggito» al più importante sindacato italiano a fine gennaio esprimeva solidarietà al dittatore venezuelano Maduro, contro le «ingerenze internazionali». L'infortunio era talmente clamoroso che presto venne seguito da una smentita imbarazzata, ma la posizione ufficiale della Cgil restava quella di un'assurda equidistanza: da una parte chiedeva al regime repressivo il rispetto dei diritti umani, dall'altra denunciava le presunte interferenze dall'estero. Cioè, ovviamente, dagli Stati Uniti. Gli adolescenti venezuelani arrestati e torturati dalle squadracce della polizia di Maduro, sentitamente ringraziano la Cgil che li considera pedine inconsapevoli di Washington. Triste destino per quello che fu un grande sindacato ai tempi che ricordo io, quelli di Luciano Lama e Bruno Trentin.

La storia, disse Karl Marx, si ripete sempre due volte: prima come tragedia poi sotto forma di farsa. È una tragica farsa lo spettacolo della sinistra occidentale che tenta di coprire gli orrendi crimini del presidente venezuelano; e fa le acrobazie per attribuire a un disegno golpista americano quella che è una crisi tremenda, in atto da molti anni per esclusiva colpa del regime Chávez-Maduro.

Trump conferma anche in questo caso il suo dono malefico: ipnotizza e poi rende imbecilli i suoi oppositori, che pur di dargli contro finiscono col mentire quasi quanto lui. Una parte della sinistra occidentale – solo una parte, per fortuna – ha rispolverato slogan degli anni Sessanta come se Maduro fosse un giovane Fidel Castro o Che Guevara (peraltro, il Fidel versione anziana aveva già tradito i suoi ideali di gioventù, costruendo un regime di corruzione e repressione).

Negli Stati Uniti è dovuto scendere in campo l'ex viceconsigliere per la sicurezza nazionale di Barack Obama, Ben Rhodes, per ammonire la sinistra americana a non cadere nella trappola. «I democratici» ha scritto con tono allarmato sul «Washington Post» «non devono farsi travolgere dalla loro rabbia verso Trump, e rimangiarsi il sostegno al popolo del Venezuela, alla sua dignità, al suo bisogno di democrazia.»

Altrove, il danno era ormai fatto: il leader del Partito laburista inglese Jeremy Corbyn, che fa di tutto per essere una macchietta caricaturale dei nostri anni Sessanta, ha abbracciato la causa «anti-imperialista» di Maduro, schierandosi con tutti gli autocrati del pianeta e avallando le loro imposture.

Il Venezuela con «due presidenti» in cerca di legittimità (Maduro e Guaidó) a gennaio-febbraio stava spaccando il mondo intero. La situazione più drammatica, ovviamente, era quella nelle strade: le proteste e gli arresti di massa, le violenze di esercito e polizia, le sofferenze di una popolazione ormai allo stremo. Ma è singolare anche l'impatto della crisi a livello internazionale. La tensione poteva ricordare i peggiori momenti della guerra fredda, con l'America da una parte, l'Europa «quasi» allineata suo malgrado, Russia e Cina dall'altra parte coi loro alleati. Ma sono enormi le differenze rispetto alla crisi di Cuba che nel 1962 portò il pianeta sull'orlo di un conflitto nucleare. Troppe cose sono cambiate da allora, e il mutamento più importante non è affatto Trump.

La differenza sostanziale in quell'area del mondo è che gli «esperimenti socialisti» sono falliti tragicamente, e una maggioranza dei paesi latinoamericani ha deciso di condannare i loro feroci epigoni. Maduro ha tentato di ravvivare il patriottismo delle «repubbliche bolivariane», ha denunciato «un intervento gringo». La sua retorica patriottarda è una beffa ideologica, sempre più logora, per mascherare i crimini contro il suo popolo. L'erede di Chávez è riuscito a ridurre alla fame una nazione straricca di petrolio, ha costretto alla fuga tre milioni di suoi concittadini (non stupisce che con lui solidarizzi Assad...), ha scatenato un'iperinflazione che galoppa al ritmo del «10 milioni per cento» (mai vista nella storia). Nelle manifestazioni di protesta contro di lui, la polizia ha ucciso 300 persone e ne ha arrestate 13.000 secondo i bilanci provvisori di febbraio. Ha stravolto la Costituzione, ha esautorato il Parlamento, ha riempito le carceri di oppositori inclusi rappresentanti eletti del popolo.

L'unica ragione per cui Maduro è rimasto al potere tanto a lungo? Ha regalato l'economia del Venezuela a un trio composto dal suo esercito, Russia e Cina. Dopo anni in cui i protettori esteri del dittatore hanno ignorato la sorte del suo popolo – e gran parte dell'opinione pubblica internazionale ha finto di non vedere –, Vladimir Putin ha denunciato una «violazione dei principi della legalità internazionale», accusando l'America di orchestrare un golpe. Ma la legalità è stata violata alle ultime elezioni del maggio 2018. Non a caso i governi latinoamericani si sono in maggioranza rifiutati di riconoscere la rielezione di Maduro per un secondo mandato, hanno disertato le cerimonie d'insediamento e in certi casi hanno chiuso le ambasciate. Che Trump abbia evocato la possibilità di un intervento militare Usa perché una crisi internazionale può distrarre dai suoi guai interni, nulla toglie al dramma umanitario del Venezuela. Anche il mite progressista che governa il Canada, Justin Trudeau, ha deciso di riconoscere come vero presidente a Caracas il trentacinquenne Juan Guaidó. E il premier spagnolo Pedro Sánchez, caso encomiabile di un leader di sinistra raziocinante, ha fatto la stessa scelta.

L'Unione europea, sempre indecisa su tutto, ha preso una posizione inutilmente più sfumata, ha tergiversato per molti giorni (anche per colpa del governo italiano). Ha detto che la «voce del popolo non può essere ignorata», ha condannato Maduro, senza riconoscere inizialmente Guaidó. Le sottigliezze diplomatiche dei governi europei interessano poco, perché la loro voce in quella parte del mondo conta sempre meno. Il governo italiano, però, è l'unico ad avere in Venezuela una vasta comunità di connazionali da difendere contro la fame e la repressione di Maduro. Ha preferito una soluzione pilatesca, ipocrita e inutile. Per non dissociarsi completamente dall'Unione europea, anche su pressione del presidente Mattarella, il governo Conte ha chiesto che Maduro indica nuove elezioni; ma si è ben guardato dal riconoscere come legittimo il suo rivale. Colpa del M5S, in sintonia però con una sinistra sbeffeggiata da uno dei rari commentatori lucidi, Michele Serra, che così scriveva il 2 febbraio, nella sua rubrica *L'amaca* sulla «Repubblica»: «Le simpatie per l'ignobile governo di Maduro (diffuse in mezzo mondo, nell'estrema sinistra così come tra gli svariati "populismi" in corso d'opera) sarebbero inspiegabili se non corrispondessero a un disperato bisogno ideologico: cercare una sponda anti-liberista e anti-mercatista che tenga vivo uno straccio di alternativa politica. Non è un bisogno indegno, né insensato: ma si concentra, appunto, su uno straccio. E tra uno straccio e una bandiera, a meno che non si sia accecati dal fanatismo, la differenza salta all'occhio».

In politica estera abbondano gli infortuni della sinistratoro, accecata dal drappo rosso di Trump e costretta dal suo furore ad allinearsi di volta in volta con gli interessi di Putin, Assad, Xi Jinping. Tra gli esempi più importanti: il ritiro dei militari americani dalla Siria e dall'Afghanistan; la disdetta del trattato sulle armi nucleari; il protezionismo.

A Natale del 2018 Trump ha reso visita alle sue truppe in Iraq e in quell'occasione, parlando di fronte ai propri militari, ha ribadito una sua determinazione: «Gli Stati Uniti non possono più essere il gendarme del mondo». Pochi giorni prima, al termine di un duro scontro coi suoi militari, aveva annunciato un duplice disimpegno: totale dalla Siria, parziale dall'Afghanistan. Se Obama avesse fatto altrettanto, gli avrebbero dato un secondo Nobel per la pace... Invece la ritirata militare voluta dal suo successore gli è valsa critiche da tutte le parti. Che lo abbiano contrastato il Pentagono e la destra repubblicana più tradizionalista è comprensibile. Che tanti progressisti abbiano unito la loro voce al coro è la conferma che di fronte a Trump perdono il lume della ragione: secondo loro, sbaglia sempre e comunque, per principio, anche quando realizza i desideri più antichi della sinistra antiamericana. «Yankee Go Home»: se lo dice lui diventa una bestemmia. Personalmente non sono affatto entusiasta che l'America si ripieghi su se stessa e si ritiri dalle proprie responsabilità internazionali. Chiedo però un semplice esercizio di coerenza. Chi fino a ieri denunciava ingerenze imperialiste degli Stati Uniti in ogni angolo del pianeta, con che faccia attacca Trump quando riporta a casa i soldati?

«Cinque anni fa l'Isis era una forza potente e pericolosa, oggi gli Stati Uniti hanno sconfitto il Califfato.» È con questo annuncio trionfalista del 19 dicembre che Trump rivelava la prima delle sue mosse. Lo stile gli è congeniale. Spesso fa così: dichiara vittoria e chiude di colpo una partita rischiosa. In questo caso, ordinando il ritiro rapido e totale degli ultimi duemila soldati americani rimasti in Siria. Si sta chiudendo così un capitolo di storia, drammatico ma breve, di coinvolgimento americano in un teatro di guerra che non ha risparmiato le atrocità, le stragi di civili, l'uso di armi chimiche, l'esodo in massa di una parte consistente della popolazione, ondate di profughi diretti anche verso l'Italia e altri paesi europei. Torna a dettar legge in modo esclusivo chi ha sempre comandato in quell'area: il carnefice Assad, il suo protettore Vladimir Putin, affiancati dal regime degli ayatollah iraniani. Sconfitto l'Isis? Non del tutto; anche se certamente è ridotto ai minimi termini rispetto alla minaccia terrificante che rappresentava cinque anni fa.

Il Pentagono ha tentato invano di dissuadere Trump dal ritirare tutte le truppe, le discussioni tra i suoi generali e il capo dell'esecutivo sono state tempestose. I militari americani temono di abbandonare al loro destino gli alleati curdi, che hanno avuto un ruolo decisivo nella lotta contro l'Isis, e contro i quali, adesso, può scatenarsi senza ritegno la furia di Erdoğan, che li considera «terroristi» (in quanto sostengono la causa dei curdi di casa sua, che nutrono sogni di autonomia sempre repressi da Ankara). La Turchia aveva già nei suoi piani un'offensiva militare contro le milizie curde in Siria, gli americani tolgono il disturbo al momento giusto. Anche quei ribelli arabi non islamisti che hanno combattuto sia l'Isis sia Assad vengono abbandonati, ma nessuno sembra curarsene.

In realtà la Siria aveva smesso di «esistere» da tempo, per le opinioni pubbliche occidentali, vittima di una congiura del silenzio che ha tante cause. Trump è coerente con se stesso, aveva sempre detto di voler lasciare la Siria a Putin. Damasco è nell'area d'influenza di Mosca da quasi mezzo secolo; divenne un avamposto mediorientale dell'Unione Sovietica con la costruzione della prima base militare all'inizio degli anni Settanta. Barack Obama fu protagonista di un tentativo – maldestro e contraddittorio – di porre fine alle stragi di Assad. La sua famigerata «linea rossa» da non varcare, contro l'uso di armi chimiche, venne violata impunemente dal regime siriano con la copertura della Russia. Obama ne uscì male, come in tutta la vicenda delle primavere arabe, alternò sprazzi di idealismo, d'interventismo umanitario, e ripieghi tattici verso la Realpolitik più tradizionale. Trump dileggiò le esitazioni di Obama, e in campagna elettorale disse apertamente che voleva appaltare ai russi la lotta all'Isis. Da neopresidente, poi, ordinò un bombardamento mirato per castigare Assad dopo un'altra strage provocata dall'impiego di armi chimiche. Una dimostrazione di potenza, spettacolare ma innocua: i russi erano stati avvisati in anticipo sulla traiettoria dei missili. Poi l'impegno americano è stato gradualmente ridimensionato, fino all'annuncio del ritiro.

Intanto sulla Siria era calata una spessa coltre di silenzio già da tempo. Perché questo cessato allarme? I combattimenti certo si sono attenuati, ma non sono cessati del tutto. Gli abusi contro i diritti umani non fanno più notizia, se non c'è qualche filiera che li riconduca alle responsabilità dell'Occidente. È un antico riflesso pavloviano, un tempo prerogativa delle sinistre, quell'attenzione a senso unico. Oggi fa comodo anche ai sovranisti e alle destre di tutto il mondo che le malefatte di Putin in quell'area siano così poco osservate, ancor meno denunciate. Se non ci sono le impronte digitali dell'America sugli orrori, ecco che smettono di fare notizia, o vengono minimizzati, resi semi-invisibili dietro una nebbia di distrazione e indifferenza. Si deve aggiungere che per i reporter occidentali è più difficile l'accesso alle zone di guerra, se in quelle aree comandano «gli altri». E dunque c'è penuria d'informazione.

Tutto ciò accade in un contesto di ritirata più generale dell'America. Il petrolio arabo non le serve più; ora esporta liberamente il suo, per la prima volta dal 1975. È uno degli sconvolgimenti più sottovalutati del nostro tempo, questa rivoluzione energetica che ha portato gli Stati Uniti all'autosufficienza. Significa che le flotte militari Usa nel Mediterraneo, Golfo Persico e Oceano Indiano presidiano rotte petrolifere vitali per l'Europa, l'India, la Cina, il Giappone; ma non più per gli Stati Uniti.

Netanyahu e il principe saudita Mohammad bin Salman (noto come MbS) da una parte, Putin, Khamenei ed Erdoğan dall'altra, possono ora spartirsi le spoglie di quel che rimane di un'area d'influenza americana. I primi due sgomitano per il ruolo di proconsoli, con delega a rappresentare in Medio Oriente un'America in fase di isolazionismo. Russia, Iran e Turchia, imperi tradizionali con pulsioni egemoniche antichissime, godono della ritirata americana, che considerano una magnifica opportunità. I diritti umani finiscono nel cono d'ombra, più che mai.

La ritirata di Trump ha avuto un risvolto di politica interna importante e traumatico: lo strappo coi suoi militari. Il generale a quattro stellette Jim Mattis, da segretario alla Difesa fu definito «l'adulto di guardia alla Situation Room»; «l'ultima barriera tra l'America e il caos». Si è dimesso anche lui, terzo generale ad abbandonare il presidente americano in due anni. Lo strappo senza precedenti è con i vertici militari al gran completo, solidali con Mattis nel condannare l'abbandono della Siria. Manda un segnale tremendo a tutti gli alleati, di cui Mattis difendeva l'importanza. Conferma che la visione di America First di Trump non è solo nazionalista, sovranista. È anche il ritorno all'isolazionismo che precedette l'intervento nella seconda guerra mondiale; e apre spazi enormi ai rivali dell'America: Cina, Russia, Iran.

Trump però fa quello che aveva promesso. La linea isolazionista è coerente, lo si potrebbe perfino scambiare per un pacifista: non fosse per il vigoroso aumento delle spese in armamenti, o per la scelta del superfalco John Bolton come consigliere per la Sicurezza nazionale.

Il generale Mattis nella sua lettera di addio si è definito «lucido nel vedere gli attori ostili», e convinto che si debbano «trattare gli alleati con rispetto». La rottura col presidente è su due costanti della strategia americana: una forza costruita sulle alleanze, e la determinazione nel tener testa agli avversari strategici, Russia e Cina. Nell'analisi dei vertici militari Trump smobilita la leadership Usa, liquida un'egemonia, chiude frettolosamente un «secolo americano» fatto di investimenti in hard power e soft power. Apre varchi ai nemici di sempre, crea le condizioni di un indebolimento durevole. I generali americani non sono stati formati alla resa. Vedono un disegno di lungo periodo che li angoscia. In Estremo Oriente: col Giappone e la Corea del Sud, a cui Trump ha detto che toglierà le truppe americane se non riducono gli avanzi commerciali; in Europa e in Canada con gli alleati Nato irrisi; infine in Medio Oriente. Trump smantella un pezzo alla volta un vasto impianto d'influenza mondiale. L'establishment militare non può tollerare una ritirata simile, che si svolge nel caos e nell'improvvisazione, senza contropartite e senza un disegno alternativo. Putin è l'unico ad avere applaudito il ritiro delle truppe Usa dalla Siria. Dopo due mesi di pressioni concentriche sulla Casa Bianca, all'inizio del 2019 Trump ha fatto una piccola concessione: il ritiro definitivo dalla Siria sarà un po' meno veloce. Nel frattempo sui media occidentali si era scatenata la furia di tanti opinionisti liberal sul tradimento americano verso i curdi abbandonati al proprio destino. Ma gli stessi opinionisti che cosa avrebbero detto se Trump avesse annunciato che… intendeva aumentare le truppe in Siria? Guerrafondaio. Militarista. Imperialista. Quanta prevedibilità. E che tristezza quando l'autonomia di giudizio viene sospesa, sostituita dai riflessi pavloviani.

Nel frattempo Trump aveva facilitato un altro ritiro, quello dall'Afghanistan, avanzando verso un accordo di pace con i talebani. Anche in questo caso, per una decisione simile Obama sarebbe stato applaudito come una colomba, un benefattore dell'umanità. Nel caso di Trump i commenti sono stati improntati solo al sospetto, alla diffidenza, alla paura. Afghanistan addio; e dopo?

Gli interrogativi sono legittimi, sia chiaro. Che cosa resterà della più lunga di tutte le guerre americane (oltre, ovviamente, alla tragica scia di vittime che ogni conflitto lascia dietro di sé)? Per durata, quella in Afghanistan ha già superato da tempo la seconda guerra mondiale, il Vietnam, la Corea. In verità al diciassettesimo anno ha superato Vietnam e seconda guerra mondiale messi assieme. Anche se, almeno nel conteggio dei soli morti americani, il bilancio registrato da Washington è una piccola frazione di quei due conflitti. Se finisse davvero, sarebbe una svolta storica. I termini dell'accordo negoziato coi talebani riportano questo conflitto alla sua origine: l'11 settembre 2001, l'ospitalità-protezione data in Afghanistan a Osama bin Laden e al-Qaeda, errore storico dei talebani che fino a quel momento potevano spadroneggiare impunemente a casa propria. Il legame strettissimo – ideologico, politico, militare e logistico – fra i talebani e i registi dell'11 settembre spiega perché all'origine quella in Afghanistan fu percepita come una guerra giusta, di legittima difesa. Ebbe coperture ampie dalla comunità internazionale, in sede Onu. L'America ottenne che scattasse l'articolo 5 del Patto atlantico, che prevede la mutua assistenza in caso di aggressione, e gli alleati Nato diedero disciplinatamente il loro contributo. Perfino Russia e Cina offrirono appoggio politico e logistico.

L'America di Trump ora torna alla casella di partenza: si accontenta che i talebani garantiscano di non ospitare mai più terroristi in grado di colpire interessi Usa. All'interno dell'Afghanistan, facciano pure quel che vogliono. Questo non promette nulla di buono per i diritti umani (in particolare quelli delle donne), ma in fondo abbiamo perso da tempo l'illusione di «esportare democrazia» con le invasioni-occupazioni militari. Accusare oggi Trump di abbandonare le donne afgane alla ferocia dei fondamentalisti, è una beffa crudele dopo anni di critiche da sinistra alla presenza americana in quel paese.

Si ritorna quindi alla prima motivazione dell'intervento afgano, dopo diciassette anni di «mission creep» che ne aveva allargato a dismisura le finalità. Per «mission creep», un termine che risale al Vietnam, si intende proprio il progressivo e strisciante dilatarsi di un'operazione militare, da un obiettivo iniziale limitato a uno sempre più ampio e ambizioso. In questo senso l'isolazionismo di America First dovrebbe essere salutato con approvazione in alcune zone del pianeta. Obama fece meno di Trump per liberare il mondo dalle «ingerenze» Usa. Sotto la sua amministrazione ci fu perfino – su richiesta del Pentagono – un iniziale aumento delle truppe americane in Afghanistan, il «surge». Con l'illusione di sconfiggere definitivamente i talebani ed espellerli per sempre da quel paese.

Naturalmente restano le enormi incognite sull'esecuzione dell'accordo, molto legato al ruolo di mediazione del Pakistan, fino a ieri bollato dallo stesso Trump come il più infido di tutti gli alleati, e i cui servizi segreti hanno regolarmente addestrato e fomentato il terrore jihadista in particolare contro l'India. Il riconoscimento di un ruolo chiave del Pakistan da parte di Washington crea qualche problema a Delhi, dove il premier Narendra Modi pensava di aver conquistato una partnership privilegiata con gli Stati Uniti, in chiave di contenimento della Cina e non solo.

Ma questo solleva un'altra questione ancora più ampia: se l'America si ritira dalle sue sfere d'influenza, altri riempiranno quei vuoti... Dal punto di vista economico il Pakistan è scivolato lentamente nell'orbita cinese, per effetto dei megainvestimenti in infrastrutture legati alle nuove Vie della Seta. Chi da sempre auspica un'America più debole e meno influente, e sogna un mondo finalmente liberato dallo zio Sam, deve fare i conti con un mondo dove lo zio Xi e lo zio Vladimir detteranno legge. Auguri.

Poi c'è stato il diluvio di titoli su Trump «dottor Stranamore» o «cowboy nucleare», quando, nel febbraio 2019, ha annunciato il ritiro dal trattato bilaterale sulla limitazione delle testate atomiche. Il peggioramento del clima internazionale è reale. La minaccia di un uso dell'arma nucleare torna d'attualità (non che fosse mai del tutto cessata). Nessuno ricorda che quel trattato fu rimesso in discussione cinque anni prima da Obama, di fronte alle ripetute e inquietanti violazioni da parte della Russia.

Certo ci appare lontanissimo il clima del 1987, quando Ronald Reagan e Michail Gorbaciov firmarono uno degli accordi sul disarmo nucleare che preludevano alla fine della guerra fredda. Oggi si ripropone la situazione contraria, il riarmo nucleare è all'ordine del giorno. Trump, guidato dal consigliere più «falco» che potesse scegliere, John Bolton, a febbraio ha sospeso l'applicazione di quel trattato, che limitava gli arsenali nucleari di portata intermedia. È la reazione a un riarmo già in atto da parte sia della Russia sia della Cina, che gli europei hanno ignorato per poi risvegliarsi di colpo dal loro beato torpore solo dopo l'annuncio shock di Trump. Da anni Mosca sviluppa nuove armi nucleari ben oltre le possibilità consentite dal trattato, e quelle armi sono puntate proprio sull'Europa, essendo montate su missili a portata intermedia. Sembra di essere tornati agli anni Settanta, quando la sinistra europea riempiva le piazze (nell'area occidentale del continente, dove manifestare era consentito) contro il riarmo nucleare americano, dopo aver ignorato il precedente riarmo sovietico e aver accettato che Mosca collocasse nuove batterie di missili atomici a pochi chilometri dalle frontiere.

Studiare il passato forse servirebbe a non ripetere i medesimi errori? Oggi l'alibi è Trump, ieri era Reagan. Stessi titoli, che fantasia: dottor Stranamore, cowboy nucleare. Di nuovo i cattivi da una parte e i buoni dall'altra. Unica variante è che oggi la sinistra ha acquisito dei compagni di strada un po' insoliti, quei sovranisti di destra come Salvini e Le Pen che spesso la scavalcano nel professare solidarietà con Mosca. Novità non da poco. È come se negli anni Settanta il Movimento sociale (neofascista) di Giorgio Almirante fosse sceso in piazza a fianco di noi giovani comunisti, pacifisti a senso unico, che manifestavamo contro gli euromissili americani, ignorando gli SS-20 sovietici puntati contro l'Europa. Forse a Enrico Berlinguer sarebbe venuto qualche dubbio.

Quanto alla Cina, la crescita annua delle sue spese militari è impressionante e Pechino non conosce vincoli di sorta: i trattati dell'era Reagan-Gorbaciov nacquero bilaterali perché allora di superpotenze ce n'erano due, nessuno poteva immaginare la formidabile traiettoria della Repubblica popolare.

Resta inquietante il cambiamento di clima politico. Aggiungiamoci i continui «duelli virtuali» nei mari e nei cieli dell'Estremo Oriente, dove le forze armate cinesi e le flotte americane si punzecchiano in una gara di provocazioni che potrebbero sfuggire di mano. E aggiungiamoci i numerosi sconfinamenti di aerei russi nei cieli scandinavi, dove il timore dell'espansionismo di Putin sta spingendo perfino svedesi e finlandesi a riesaminare la loro tradizionale neutralità. Passare dai tamburi di guerra ai conflitti veri è più facile di quanto si creda, come ricordano le ricostruzioni storiche sui «leader sonnambuli» che camminarono verso i due conflitti mondiali senza quasi accorgersene.

Trump e Bolton hanno ragione sul fatto che il riarmo è stato già avviato da tempo e da altri. Il problema è se la reazione americana sia efficace per frenare il militarismo di chi sta al potere a Mosca e Pechino. L'esperto di geopolitica Fred Kaplan ha pubblicato su «Slate» una delle più lucide e documentate confutazioni della risposta americana. La sua conclusione: è un favore a Putin, perché stracciare il trattato gli invia il segnale «liberi tutti», mentre bisognerebbe incalzarlo sul rispetto degli accordi. D'altronde la risposta degli Stati Uniti rientra nel credo unilateralista di un'amministrazione che non vuole più farsi legare le mani da patti internazionali. Trump può perfino attribuirsi un'affinità con Reagan il quale, prima di sedersi al tavolo dei negoziati con Gorbaciov, portò l'Urss al collasso stremandola in una corsa agli armamenti che era al di sopra delle sue forze. Quest'analogia, però, è difficilmente riproponibile un trentennio dopo. Se Trump pensa di rifare «quel» Reagan, con un prolungato braccio di ferro per vedere chi ha più risorse da investire nel riarmo, rischia di sbagliare epoca. La Russia resta un nano economico come l'Urss e Putin ha fallito il decollo verso la modernizzazione, però è un gigante nella geostrategia: padroneggia le nuove guerre «asimmetriche» come la pirateria digitale o la manipolazione dei social media; sa espandere la propria rete di alleanze fin dentro il cortile della Nato.

Ben diversa è la Cina, la sua stazza economica è mastodontica, nulla a che vedere con l'Urss di ieri o la Russia di oggi. Il suo regime autoritario può mobilitare risorse enormi sia per gli armamenti classici, sia per gli arsenali nucleari, sia per le nuove frontiere della sfida all'America che sono la riconquista dello spazio o l'intelligenza artificiale. Proprio perché non bisogna farsi illusioni sulle intenzioni di Mosca e Pechino, si dovrebbe cercare di legargli le mani con nuovi accordi. L'aria che tira non è questa. Ma quella sinistra che vede solo un dottor Stranamore o un cowboy nucleare a Washington, oltre a privarsi dell'uso della ragione abdica alla responsabilità di esercitare pressioni sui due primi attori del riarmo attuale: Cina e Russia. A loro tutto viene consentito, nell'indifferenza più totale.

Quando l'Italia è entrata in una «recessione tecnica», all'inizio del 2019, i commentatori progressisti si sono divisi in due campi: i più provinciali davano la colpa al governo Conte - Salvini - Di Maio, i più cosmopoliti individuavano l'origine di un rallentamento globale dell'economia nei dazi di Trump. Spettacolo imbarazzante. La manovra economica del governo Conte si può considerare pessima, ma l'Italia è stata il fanalino di coda della crescita europea già sotto cinque governi precedenti, di cui tre di centrosinistra, quando i dazi di Trump non erano ancora entrati in vigore. Il grosso di quelle imposte era stato sospeso in attesa di concessioni da parte dei cinesi. La crescita della Cina nel frattempo stava rallentando, è vero, ma soprattutto per cause endogene: dopo anni di un boom sospinto dagli investimenti pubblici in infrastrutture, Pechino ha cercato di ridurre il suo indebitamento e tirare il freno. Anche la Cina ha un problema di sofferenze bancarie, su una scala mastodontica.

Il protezionismo di Trump è fondato. Anzitutto, se c'è una potenza che pratica la guerra commerciale è la Cina: l'ha cominciata lei, molti anni prima che arrivasse Trump, e finora ha stravinto. Fa sorridere l'abitudine invalsa nei nostri media di etichettare come «superdazi» (25 per cento) quelli che Trump ha minacciato, mentre la maggior parte delle tasse cinesi sui nostri prodotti è già a quei livelli da molti anni. In quanto alla rapina sistematica di segreti industriali occidentali da parte delle aziende cinesi, è arcinota da qualche decennio.

Obama rinfacciava ai cinesi le stesse pratiche che Trump castiga con i suoi metodi. La concorrenza sleale dei cinesi, però, talvolta è perfettamente legale. Perché il gioco è truccato, proprio come dice Trump. Non occorre invocare qualche teoria del complotto. Le regole sono squilibrate non perché qualche cattivo governante occidentale si sia venduto ai cinesi. La ragione è più semplice. Quando tra il 1999 e il 2001 venne negoziato l'ingresso della Cina nella globalizzazione, cioè la sua ammissione nell'Organizzazione del commercio mondiale (Wto), la Repubblica popolare aveva un'economia poverissima, sottosviluppata, da vero Terzo Mondo. Non poteva reggere una concorrenza ad armi pari. Perciò furono disegnate norme speciali per lei, agevolazioni che le consentivano il protezionismo. Parolaccia per noi, tutela sacrosanta per loro. Il guaio è che le regole sono rimaste sempre quelle, ancora vent'anni dopo, mentre l'economia cinese ha fatto balzi da gigante e (anche grazie al furto di segreti industriali) in molti settori è avanzatissima. Tanto che oggi il problema più serio per gli americani non è il gigantesco avanzo commerciale cinese, ma l'ambizione di Pechino di conquistare la leadership nelle tecnologie: dalla quinta generazione delle comunicazioni (5G) all'intelligenza artificiale. L'affare Huawei esploso alla luce del sole sul finire del 2018 è la punta dell'iceberg. L'arresto in Canada su mandato Usa, con richiesta di estradizione, della potentissima Meng Wanzhou, figlia del fondatore dell'azienda leader nel mercato delle comunicazioni e top manager legata al regime di Pechino, ha rivelato la vera posta in gioco. A motivare l'azione della giustizia Usa c'è un'accusa di violazione delle sanzioni sull'Iran, che sarebbero state aggirate quando alla Casa Bianca c'era ancora Obama (prima che Trump rinnegasse il patto nucleare iraniano). Dietro si scorge una partita ben più grande. È una sfida per la supremazia mondiale che ha ricadute non solo industriali ma strategico-militari. Huawei era nel mirino già da tempo. Gli americani sospettavano che il colosso delle telecomunicazioni fosse un cavallo di Troia dello spionaggio cinese. Washington cominciò ad allertare le capitali alleate, da Roma a Berlino: attenzione alle infrastrutture telefoniche made in China vendute agli operatori telefonici occidentali, spesso pericolosamente vicine alle basi militari americane e della Nato. Con la transizione al 5G, che sarà il nuovo standard della telefonia mobile, la penetrazione di impianti cinesi nei nostri paesi rischierebbe di consegnarci a una vasta rete di spionaggio. L'Internet delle cose, come viene chiamato un futuro in cui dialogheranno fra loro tutte le macchine che usiamo grazie all'intelligenza artificiale, sarebbe ancor più vulnerabile al cyberspionaggio cinese.

La vicenda Huawei ci proietta verso una dimensione ancora più cruciale rispetto all'antico contenzioso commerciale con la Repubblica popolare. Accumulare attivi nella bilancia del commercio estero è «mercantilismo all'antica», dannoso ma riparabile, tant'è che la Cina aveva già cominciato a fare alcuni aggiustamenti (aumentando i propri consumi interni e quindi le importazioni). Ben altra sfida è quella contenuta nel «piano 2025» di Xi Jinping, quello che più spaventa gli americani. Un presidente cinese che ha di fronte a sé un orizzonte di lunghissimo termine (ha cambiato la Costituzione per eliminare limiti al suo mandato) può pianificare la conquista di posizioni egemoniche nelle tecnologie strategiche. Gran parte delle classi dirigenti occidentali – che invece sono appiattite sul brevissimo periodo – non ha visto arrivare questa nuova offensiva cinese. Troppi leader politici erano fermi alla Cina di dieci o vent'anni fa, «fabbrica del pianeta», nazione emergente. Oggi un pezzo portante della sua economia è emerso eccome, e il paese assomiglia a un Giappone con gli steroidi, a una Singapore al multiplo. Alcune élite occidentali, pur intuendo il fenomenale salto di qualità, hanno visto solo vantaggi opportunistici: l'avanzata della finanza cinese è stata assecondata, le si vende volentieri l'argenteria di famiglia, pezzi pregiati dei nostri sistemi produttivi, delle infrastrutture, delle piattaforme logistiche globali. Magari elogiando i discorsi «globalisti» di Xi Jinping al World Economic Forum, prendendoli alla lettera come un'alternativa virtuosa al protezionismo di Trump. Senza vedere quanto il globalismo cinese sia la versione aggiornata e modernissima di una millenaria vocazione imperiale, che unita alla natura autoritaria del regime è tutt'altro che rassicurante.

Ancora una volta il toro progressista, accecato dal drappo rosso del toreador Trump, non vede che i nuovi equilibri del pianeta si spostano rapidamente, le sfere egemoniche vengono ridisegnate a gran velocità. E mentre la sinistra urla il suo furore contro un vecchio padrone, sembra arrendersi docilmente a quelli nuovi.

Trump ha visto giusto sulla Cina, anche se i metodi che usa non sono efficaci. La minaccia che viene da Pechino è molto più seria di quanto l'Occidente abbia capito: finalmente oggi lo riconoscono i massimi esperti americani sulla Cina, molti dei quali sono progressisti; alcuni hanno avuto un ruolo di punta sotto le amministrazioni democratiche di Bill Clinton e Barack Obama. Le loro conclusioni sono nel rapporto presentato il 13 febbraio 2019 all'Asia Society di New York, e intitolato «Correzione di rotta». Orville Schell e Susan Shirk, che hanno guidato per due anni i lavori di questo gruppo di esperti bipartisan, danno atto a Trump di avere intuito cose che l'establishment economico, le alte sfere della diplomazia e buona parte dell'intellighenzia democratica hanno tardato a riconoscere. Cina e Stati Uniti sono effettivamente «in rotta di collisione», ma non per colpa del protezionismo di Trump. La crisi nei rapporti viene da lontano, sarà durevole, avrà ripercussioni globali anche nel dopo-Trump, chiunque gli succeda alla Casa Bianca. È la Cina ad applicare in modo sistematico il protezionismo e il sovranismo: discrimina tra imprese straniere e nazionali, «calpesta le norme della competizione e le leggi internazionali, viola i principi fondamentali della reciprocità». In campo tecnologico persegue disegni egemonici.

L'accelerazione cinese verso una nuova ambizione espansionista e un approccio aggressivo viene da lontano: la grande crisi del 2008 convinse i dirigenti comunisti di Pechino che il loro modello autoritario fosse superiore alle liberaldemocrazie occidentali; con l'avvento di Xi Jinping nel 2012 la svolta verso il «trionfalismo nazionalista» si è fatta ancora più marcata. Questo ha coinciso con una pesante involuzione autoritaria del regime cinese, che non avviene solo ai danni dei propri cittadini o delle minoranze etniche in Tibet o Xinjiang, ma anche all'estero. La Cina sta «esportando metodi autoritari», nei modi in cui usa il proprio potere economico per ricattare e zittire le critiche. Rapisce cittadini cinesi a Hong Kong e altrove, minaccia governi stranieri, manovra le concessioni di visti o di finanziamenti culturali, ricatta gli studiosi e le università occidentali per allargare la sfera d'azione della propria censura.

L'avvento di Trump, se non altro, ha costretto la Cina a fare i conti con una controreazione. La cui efficacia non convince gli esperti. Gli errori di Trump sono soprattutto due: non ha saputo costruire un'alleanza d'interessi per costringere la Cina a rispettare le regole e ha limitato il contenzioso alla sfera commerciale evitando ogni pressione sui diritti umani. «Una grande forza dell'America è la rete di amicizie: ha 60 paesi alleati nel mondo, la Cina ha la Corea del Nord. È su questa forza che bisogna far leva; non agire da soli spaccando il fronte dei propri alleati.» Ci sono dubbi anche sulle concessioni in campo commerciale: perché la Cina cambi in profondità il suo nazionalismo spregiudicato che altera le condizioni della concorrenza, «bisogna mettere la leadership comunista di fronte a un nuovo sistema di pressioni e di controlli continuativi, un percorso di lungo termine per correggere comportamenti radicati». Firmano il rapporto bipartisan i think tank Asia Society, Center on US-China Relations e 21st Century China Center. Tra gli esperti che vi hanno lavorato c'è il veterano della diplomazia Winston Lord, ex ambasciatore in Cina, già braccio destro di Henry Kissinger. Era in prima fila al vertice del disgelo Nixon-Mao che nel 1972 fece la storia. Oggi lo preoccupa «un'America che ha cancellato i diritti umani e la democrazia dall'agenda delle sue relazioni con la Cina». Ma è davvero un'indifferenza tipica del mostruoso Trump? Molte delle sanzioni varate contro la Cina per il massacro di Piazza Tienanmen (la violenta repressione militare delle proteste studentesche nel 1989) furono cancellate dal presidente democratico Bill Clinton.

IV
Schierarsi con i mercati finanziari e i governi stranieri?

Com'è accaduto che lo spread tra Btp e Bund sia diventato una Linea Maginot dietro la quale la sinistra italiana è asserragliata, un baluardo a cui si aggrappa pur di fare opposizione ai populisti-sovranisti? È giusto che lo slogan recente di certi progressisti sia «attenti al giudizio dei mercati»? Agli indici di Borsa? Alle pagelle delle agenzie di rating?

E ancora: sentirsi profondamente europeisti, significa sdraiarsi sull'austerity germanica? Proprio quella che abbiamo criticato per anni?

Rari sono i momenti in cui si spezza l'incantesimo malefico, quello che in questi ultimi anni ha portato la sinistra a parlare come i funzionari del Fondo monetario internazionale o i chief executive delle multinazionali riuniti a Davos. Un momento prezioso di autocritica e di ribellione al neoconformismo lo ricordo, nella primavera del 2018, quando Michele Serra sulla «Repubblica» rifiutò l'alternativa tra «governo dei mercati e governo del popolo». Molti di noi si sentono stritolati in questa opzione. Ci sentiamo traditi da una sinistra che fa di tutto per dar ragione a chi la descrive come «establishment». Chi commenta l'indice azionario Mib come fosse un giudizio divino sul governo italiano sembra dimenticare che in altre circostanze la Borsa premia le aziende che tagliano i costi licenziando, o ingrassano i profitti eludendo le imposte nei paradisi fiscali. La Borsa ha i suoi criteri e i suoi valori. Non dovrebbero essere i nostri.

Sento il peso di una disfatta anche personale. È da dieci anni che nei miei libri o sulle colonne della «Repubblica» io critico – da sinistra – i governi eterodiretti dai mercati finanziari e i danni dell'ordoliberismo tedesco. Non è «farina del mio sacco», o non soltanto. Contro l'euro-ortodossia io a suo tempo ho semplicemente dato voce alle accuse ben più autorevoli di un presidente degli Stati Uniti, Barack Obama; nonché di premi Nobel per l'economia come Paul Krugman e Joseph Stiglitz, Angus Deaton e Kenneth Arrow. Ricordo i vertici G7 e G20 dove ho seguito Obama, raccontando la sua pressione su Angela Merkel perché correggesse le rigidità dell'austerity. A cominciare dal primissimo summit del G20 sotto la presidenza obamiana, quello che si tenne a Pittsburgh in Pennsylvania nell'autunno del 2009, quando le economie occidentali erano nel baratro della crisi più grave dalla Grande Depressione. Da quel momento in poi Obama non mollò mai la presa, tentò con pazienza e ostinazione di spiegare che la Germania stava condannando l'intera Eurozona ai «tempi supplementari» della crisi.

Cercarono di usare la sponda obamiana i vari Hollande, Letta, Renzi, Varoufakīs. Timidamente. I leader dell'Europa latina soffrivano di un deficit di credibilità. Così non era per Obama, al timone di un'economia che uscì dalla recessione a gran velocità.

Otto anni di critica obamiana – da sinistra – alle regole di Maastricht non possono essere cancellati e ribaltati solo perché a contestare il «pensiero unico rigorista» oggi ci sono Trump, Salvini, Di Maio.

C'è un prima e un dopo la crisi del 2008 anche per il giudizio sull'euro. Alla prova di quella recessione, i paesi che ne uscirono più velocemente (Usa) o la evitarono del tutto (Cina) furono quelli che fecero tesoro della lezione di Keynes-Roosevelt negli anni Trenta e ignorarono parametri di Maastricht, austerity, patti di stabilità, ecc., azionando robuste leve di investimenti pubblici. È davvero nella gestione dell'Eurozona fra il 2008 e il 2011 che si scava un divario tra l'opinione pubblica italiana, francese, spagnola, greca, e l'ordoliberismo tedesco.

Non buttiamo via il lavoro dei neokeynesiani europei – come i francesi Thomas Piketty e Jean-Paul Fitoussi – che cercarono di aprire un varco nella «religione» tedesca dei parametri: quegli economisti ci insegnano che si può e si deve distinguere tra buoni e cattivi investimenti pubblici, tra deficit che generano produttività futura (i fondi per la ricerca e l'istruzione) e la spesa improduttiva, parassitaria, assistenziale.

Contro il Di Maio-Salvini pensiero, va precisato che chi s'indebita all'estero cede sovranità. È inevitabile: se hai bisogno di prestiti, chi te li concede ha il diritto di dettare le condizioni. In questo noi italiani ci troviamo spesso in pessima compagnia: Argentina e Turchia sono altri «anelli deboli» che di tanto in tanto vengono presi di mira dai mercati. Però una differenza c'è. Il debito pubblico italiano assomiglia più a quello giapponese o cinese, nel senso che è in larga parte finanziato dal risparmio interno. Sono soprattutto i risparmiatori italiani, quelli a cui la sinistra dovrebbe parlare. Hanno il diritto di porre condizioni su un uso produttivo dei soldi che prestano allo Stato. La sinistra dovrebbe rivolgersi a loro, raccogliere le loro preoccupazioni e priorità, e citare meno gli uffici studi di Goldman Sachs, Morgan Stanley, Ubs, Deutsche Bank.

In quanto all'uscita dall'euro, ricordo quel che mi dichiarò – in un'intervista per «il venerdì di Repubblica» – quel Joseph Stiglitz che molti sostenitori del M5S stimano e rispettano. L'euro – mi disse Stiglitz – è nato su premesse profondamente sbagliate e ha fatto danni gravi, in particolare all'Europa del Sud. Ma dato che l'Italia c'è dentro, uscirne comporterebbe dei costi ancora peggiori. Non è un'analisi esaltante: costringe a scegliere il minore tra due mali. È realistica. Sarebbe utile se questa diventasse la linea ufficiale e proclamata di chi governa l'Italia. Che dica chiaro e forte all'Europa: vogliamo portare a Bruxelles posizioni molto critiche, ma non usciremo mai dall'euro né tantomeno dall'Unione, non vagheggiamo qualche catastrofico remake del già disastroso modello Brexit.

Un'Italia più aggressiva con la Merkel – possibilmente rappresentata da persone serie e competenti – è auspicabile. Contro il moralismo-razzismo di certi commentatori tedeschi, ricordiamo che a loro le regole si applicano con larghezza e indulgenza, sospendendole quando serve. Così è stato nei casi di sforamento del deficit/debito; o per la Deutsche Bank e altri aiuti alle aziende di credito tedesche. Infine resta sempre inapplicato quel principio dei patti europei che considera gli eccessivi avanzi commerciali altrettanto dannosi degli eccessivi deficit.

Purtroppo tanti governi di centro-sinistra o sinistra-centro, pur con persone competenti e talvolta tecnocrati di grido, non spostarono di un millimetro l'intransigenza tedesca. Questa non nasce per diffidenza verso i populisti-sovranisti, semmai è ispirata da un'antica mancanza di fiducia verso gli italiani *tout court*. La condividiamo noi stessi: siamo anche noi sospettosi verso i nostri connazionali, lo scarso senso delle regole, lo spirito civico difettoso, il familismo amorale, le falle vistose nel patto di cittadinanza. Dall'evasione fiscale all'abusivismo dilagante, dalla cultura mafiosa al clientelismo, i vizi nazionali sono gravi, ma le rigidità con cui Bruxelles-Berlino avrebbero dovuto disciplinarci non hanno avuto il minimo effetto su queste tare ataviche. Evidentemente non erano la cura per quei mali.

Vorrei che la sinistra smettesse di usare le oscillazioni dei mercati finanziari come una clava da calare con opportunismo su Lega e M5S. I mercati sono una realtà concreta dove si muovono interessi (non quelli delle classi lavoratrici) e ideologie (neoliberismo) su cui troppi governanti di sinistra si sono appiattiti, pagando un prezzo altissimo. Se la salvezza è ridurre lo spread, stiamo buttando via la nostra storia. Non stupisce che la classe operaia vecchia e nuova si senta più rappresentata da altri.

Chi sa dire perché siamo soggetti all'implacabile vincolo del 3 per cento, soglia massima nel rapporto deficit/Pil? Nessuno. Ma la validità originaria di questo rapporto non viene rimessa in discussione. In Europa, s'intende: perché negli Stati Uniti la «dottrina 3 per cento» è stata sempre ignorata o attaccata, poi pubblicamente ripudiata perfino dal Fondo monetario internazionale.

La storia di quel numero «scolpito nella pietra» è complicata, opaca e misteriosa. Risale al 1992, quando viene firmato nella città olandese di Maastricht l'omonimo Trattato, fondamento per l'Unione monetaria da realizzarsi nel 1999. Economisti e giuristi che lavorano a quei testi, sotto l'autorevole influenza di Tommaso Padoa-Schioppa, esplorano le condizioni per «un'area monetaria ottimale». È un termine da economisti, in sostanza vuol dire questo: si cerca di mettere insieme la sovranità monetaria di varie nazioni abbastanza omogenee tra loro, in modo che l'Unione non sia destinata a sfasciarsi. In cerca di criteri di stabilità, gli esperti finiscono per accordarsi sui seguenti parametri per l'accesso di un paese all'euro: la sua inflazione non deve essere più alta di 1,5 punti percentuali rispetto ai tre paesi con il tasso d'inflazione più basso; il deficit statale non deve superare il 3 per cento del suo Prodotto interno lordo (Pil); il debito pubblico non deve essere superiore al 60 per cento del Pil; la sua moneta nazionale deve avere avuto una certa stabilità del tasso di cambio nei due anni precedenti l'ingresso nell'Unione monetaria; i tassi d'interesse di lungo termine non devono superare di oltre 2 punti percentuali la media di quelli dei paesi con i tassi più bassi. Quest'ultimo criterio riguarda il famoso «spread», o divario fra tassi d'interesse di diversi paesi (che spesso si misura in centesimi di punto, per cui una differenza di rendimento dell'1 per cento tra un Bot italiano e un Bund tedesco viene espressa come 100 punti di spread).

Di tutti questi criteri di Maastricht, alcuni non sono mai stati veramente applicati, come quello sul debito (neppure la Germania lo rispetta). Altri hanno perso rilevanza con la creazione dell'euro: i tassi d'interesse e la parità di cambio dal 1999 li decide la Bce a Francoforte, non sono più oggetto di politiche nazionali. È rimasta in piedi la dittatura del 3 per cento, il rapporto deficit/Pil è il criterio che può far scattare (se non rispettato) una procedura d'infrazione, trasformare un paese in vigilato speciale, e così lanciare segnali d'allarme ai mercati. Fino a quando, con severe terapie di austerity, il reprobo non rientra nei ranghi. Il 3 per cento è diventato l'unico sacro comandamento nella religione dell'austerity.

Eppure, i dubbi su quella cifra furono forti già dall'inizio. Uno dei più autorevoli venne sollevato dal grande economista italiano Luigi Pasinetti. In un importante saggio pubblicato sul «Cambridge Journal of Economics», nel 1998 (un anno prima della nascita dell'euro) Pasinetti attaccò duramente «mito e follia del 3 per cento». Non ci andava leggero, parlando di «regno del simbolismo», a proposito di una soglia deficit/Pil «la cui validità non è mai stata dimostrata». I giudizi di Pasinetti erano implacabili: «Nessuno è mai riuscito a dare una spiegazione plausibile, sul perché quelle cifre furono scelte». Per il debito inferiore al 60 per cento del Pil la spiegazione sembrava essere banale: grosso modo era la media europea (e in particolare franco-tedesca) ai tempi in cui veniva negoziato il Trattato di Maastricht. Anche se di lì a poco la riunificazione delle due Germanie avrebbe fatto sballare il rapporto debito/Pil tedesco... e guarda caso quella cifra anziché «magica» divenne poco rilevante, fu interpretata subito con tanta flessibilità.

Nel 2013 il tentativo di dare fondamento scientifico a quelle cifre è finito in un clamoroso infortunio: due noti economisti americani, Kenneth Rogoff e Carmen Reinhart, hanno dovuto ammettere di avere sbagliato calcoli elementari, e omesso statistiche importanti, in un loro studio volto a dimostrare il nesso tra crescita e rigore di bilancio. Anche in seguito a quell'incidente, il Fondo monetario ha preso le distanze dall'austerity.

Ma il dibattito non è teorico. La confutazione del dogma è avvenuta nei fatti. Negli Stati Uniti, tanto per cominciare. Nell'abisso della recessione del 2009, non appena arrivato alla Casa Bianca, Barack Obama varò una maximanovra di investimenti pubblici. Riscoprì il verbo keynesiano, l'insegnamento appreso dall'Occidente nella Grande Depressione degli anni Trenta. Nel primo biennio della presidenza Obama il rapporto deficit/Pil schizzò fino a sfiorare il 12 per cento, il quadruplo del limite ammesso dall'«euro-religione» dell'austerity. E la cura ha funzionato.

La Cina si fa beffe del nostro patto di stabilità in modo ancor più plateale. Tutto il suo modello di crescita è fondato sui debiti, e alcune stime li valutano al 300 per cento del Pil. Pechino esporta debito pubblico anche nel vasto mondo che si sta «sinizzando»: le gigantesche opere pubbliche infrastrutturali che costellano le nuove Vie della Seta impongono pesanti debiti ai paesi emergenti che in Asia centrale, Africa, America latina si stanno integrando in quel modello di sviluppo. Almeno in termini di crescita, il neokeynesismo cinese è allineato con quello americano.

Torna sempre di attualità la lezione di Keynes: tocca allo Stato rilanciare la crescita quando rallenta e deprime l'occupazione, bisogna spingere sulla spesa pubblica per colmare il vuoto di domanda privata (consumi e investimenti). Non bisogna però credere che questa funzione dello Stato «nasca» negli anni Trenta con il pensiero di Keynes, il quale ha teorizzato e applicato a un'economia moderna una pratica antichissima. Lo storico greco Erodoto interpreta così la costruzione delle piramidi in Egitto: non solo tombe magnifiche per dare una fama eterna ai faraoni lì sepolti, ma anche un modo per fornire lavoro a una popolazione sempre più numerosa, «grandi opere keynesiane» *ante litteram*. Se gli economisti keynesiani sono convinti che un debito pubblico creato attraverso investimenti produttivi possa essere ripagato «virtuosamente» quando arriva la crescita, la pensavano allo stesso modo i banchieri di Firenze e Genova nel primo Rinascimento quando finanziavano i sovrani di mezza Europa, certi che le loro conquiste militari avrebbero generato ricchezze per ripagare i debiti. (Quando poi il sovrano non ce la faceva, poteva sempre far decapitare i banchieri, se i rapporti di forze glielo consentivano. Altrimenti c'erano le «privatizzazioni» *ante litteram*, vendite di titoli nobiliari e non solo quelli: nel XIV secolo Carlo V letteralmente vendette sua sorella a un Visconti che gli aveva finanziato un terzo del debito pubblico della Francia.)

Il New Deal di Franklin Delano Roosevelt fu questo: vasti programmi d'investimenti pubblici, a cominciare dalle grandi opere infrastrutturali, per dare lavoro ai disoccupati e supplire alla latitanza dell'iniziativa privata. Il New Deal fu anche un'altra cosa, complementare: raccogliendo esperimenti sbocciati in Europa (dalla previdenza di Bismarck in Germania alla società fabiana che prefigurò il laburismo inglese, alle socialdemocrazie scandinave), Roosevelt lanciò la costruzione di un Welfare State, che includeva pensioni pubbliche, diritti dei lavoratori, una rete di sicurezza contro la povertà.

Esiste una controteoria, e purtroppo un suo argomento forte è proprio il nostro paese. «Se il debito pubblico creasse lavoro, l'Italia con il suo debito record dovrebbe avere da anni il pieno impiego» ha affermato Mario Monti. «Se indebitarsi per crescere fosse virtuoso, allora non sarebbero esplose la bolla dei mutui subprime in America, e bolle immobiliari analoghe in Inghilterra, Spagna, Irlanda» *dixit* Angela Merkel. Anche quando non sarà più cancelliera (a breve), come lei continueranno a pensarla molti tedeschi, di destra, sinistra o centro. E persino quei sovranisti austriaci o bavaresi, olandesi o scandinavi che possono simpatizzare con Salvini sull'immigrazione hanno il terrore di dover finanziare i debiti italiani a spese dei propri contribuenti.

C'è del vero nei loro timori. Perciò in Italia la religione del 3 per cento ha avuto tanti sostenitori in buona fede. Applicare la disciplina dell'austerity sembra un vincolo esterno salvifico, per impedirci di praticare vizi nazionali distruttivi: spese pubbliche inutili, sprechi e corruzione. Ma il dogma del 3 per cento ostacola un altro tipo di risanamento: quello che passa attraverso una consistente riduzione della pressione fiscale sul lavoro, onde restituire potere d'acquisto alle famiglie e rilanciare la crescita.

Inoltre non si conquistano voti presentandosi come «il partito dello straniero». Negli ultimi tempi in Italia il mondo progressista ha sistematicamente simpatizzato con Macron quando attaccava Salvini e con Juncker quando criticava il governo Conte. Anche questo è un errore, pur se coerente con la tradizione esterofila delle élite italiane, ma conferma appunto il sospetto che la sinistra sia establishment, e pronta a svendere gli interessi nazionali. Ed è un'illusione anche scambiare Macron per un europeista: è un tradizionale nazionalista francese, che dell'Europa si serve finché gli è utile, ma per piegarla ai propri interessi. Juncker? Il presidente ormai uscente della Commissione europea, per anni da premier lussemburghese è stato il protettore dei grandi elusori fiscali, il capo di un paradiso fiscale immondo, incistato come un tumore nel cuore dell'Europa. Il suo paese l'ha fatta franca offrendo privilegi fiscali alle multinazionali di tutto il mondo: uno dei principali meccanismi di impoverimento del ceto medio e delle classi lavoratrici di tutto l'Occidente. Uno che ha governato il Lussemburgo dovrebbe essere messo al bando dell'Europa, non promosso a dirigerla per un intero mandato della Commissione. Che opinionisti di sinistra abbiano tifato per Juncker è una macchia grave. Davvero non si capisce più cosa voglia dire essere di sinistra, in questo caso. Si corre seriamente il rischio che la sinistra diventi il «partito estero», sempre schierata con gli altri, se danno addosso ai sovranisti-populisti che governano l'Italia. In nome di un europeismo che quegli «altri» rappresentano solo nei proclami, non nella realtà.

Sull'egoismo tedesco è utile riscoprire dagli archivi questa lettera aperta dell'autorevole economista americano Jeffrey Sachs (direttore dello Earth Institute alla Columbia University di New York, consulente delle Nazioni Unite) al ministro delle Finanze tedesco. Fu scritta all'epoca della crisi greca. Resta molto interessante, ad anni di distanza, perché i problemi che evoca potrebbero applicarsi a noi e in particolare al nostro Mezzogiorno. Sachs è certamente un progressista, e tuttavia non è affatto incline a parteggiare per il vittimismo dei greci. No, lui capisce benissimo che si può essere poveri e disonesti, deboli e imbroglioni. La classe dirigente greca, una delle più corrotte d'Europa, non merita di essere incoraggiata nei suoi difetti. Ma sul debito si decide seguendo altri principi. Ecco il testo di Sachs, pubblicato con il titolo *La morte per debiti* sul giornale tedesco «Suddeutsche Zeitung» il 31 luglio 2015.

> Il punto di vista tedesco è che i paesi dell'eurozona non devono vivere al di sopra dei loro mezzi; devono onorare i debiti; e ingoiare la medicina delle riforme quando è necessario. La Grecia deve prendersela solo con se stessa. Questa ricetta a volte è corretta e a volte no. È sbagliata quando per onorare il debito si spinge una società verso il punto di rottura. La saggezza consiste nel riconoscere quando la cura è sbagliata, e in quei casi reagire in modo creativo. Pensare che gli Stati sovrani devono onorare i debiti può essere il principio giusto nove volte su dieci, e può essere un disastro la decima volta. Non dobbiamo spingere una società fino al punto di rottura neanche se la colpa del debito è tutta sua. La Germania del dopoguerra aveva «meritato» il Piano Marshall? No. Il Piano Marshall e poi la cancellazione del debito tedesco nel 1953 consentì alla Germania di rinascere? Sì. La Russia «meritava» un perdono parziale del suo debito nel 1992? No. Sarebbe stato saggio concederglielo? Sì. La Grecia si merita una cancellazione parziale dei suoi

debiti? No. L'economia greca è stata governata malissimo e molto a lungo. Ha fatto troppi prestiti, ha alimentato corruzione e clientelismo, non ha costruito industrie competitive. Un perdono parziale del debito greco sarebbe una buona idea? Sì. La Grecia è in una spirale mortifera di austerità, distruzione di ricchezza, fuga di cervelli e di capitali, instabilità sociale. La sua crisi economica è altrettanto drammatica di quella che colpì la Germania di Heinrich Brüning tra il 1930-33 [cancelliere della Repubblica di Weimar durante la Grande Depressione, *NdR*]. La Germania di oggi può fare tutte le prediche che vuole alla Grecia, ma la Grecia collasserà comunque se la si costringe a ripagare tutto il suo debito. È una ricetta impossibile, come lo era per la Germania di Brüning. Oggi i contribuenti tedeschi pensano di essere stati generosi con la Grecia ma questo è in parte un miraggio. I contribuenti tedeschi sono stati generosi con le proprie banche più che con la Grecia. Alla Grecia è stato chiesto di utilizzare il primo pacchetto di aiuti, erogato nel 2010, ma anche il secondo e il terzo, per ripagare le banche creditrici, perlopiù tedesche e francesi.

Quest'ultima affermazione è stata confermata da colui che era il capo economista del Fondo monetario internazionale ai tempi dei negoziati con la Grecia, Olivier Blanchard. Sui 237 miliardi di euro prestati alla Grecia nei due *bail out* (salvataggi) del 2010 e 2012, solo l'11 per cento è finito ad Atene. L'89 per cento è servito a ripagare e finanziare banchieri stranieri. In prevalenza del Nordeuropa e per la massima parte tedeschi.

Un'altra accusa fondata alla Germania è venuto a lanciarla in uno dei suoi viaggi europei il demonio in persona, Donald Trump. Del tutto privo di freni inibitori, per non parlare di know how diplomatico, il presidente degli Stati Uniti dice un sacco di imbecillità, e in mezzo ci infila regolarmente qualche verità sacrosanta. «Noi vi proteggiamo ma voi siete controllati dalla Russia.» Mai un presidente americano aveva attaccato così duramente un paese europeo, dalla fine della seconda guerra mondiale. Tantomeno se quel paese europeo è il numero uno, la Germania. Lo sgarbo in questione si consumava in occasione di una visita ufficiale a quel «santuario» dell'alleanza atlantica che è il quartier generale della Nato a Bruxelles. Quel giorno, come gli accade spesso, il supremo distruttore dell'ordine Donald Trump usa delle verità scomode, maneggiandole come armi di distruzione. In poche frasi vilipende la Germania, ma al tempo stesso affonda la sua esuberanza verbale nelle contraddizioni reali di quel paese. «La Germania» dice il presidente americano «è prigioniera della Russia. È controllata dalla Russia. I tedeschi hanno rinunciato al nucleare, e così alla fine dipenderanno per il 60-70 per cento dal gas naturale russo. Pagano miliardi su miliardi ai russi. Un ex cancelliere tedesco è il capo di quell'azienda del gas. Vi sembra giusto? Noi proteggiamo la Germania, proteggiamo la Francia, e loro vanno a costruire il gasdotto e riempiono di soldi la Russia.»

No, davvero non vedo un futuro per la sinistra italiana se si ostinerà a essere il partito dei mercati finanziari e dei governi stranieri, in nome di un europeismo beffato proprio da tedeschi e francesi.

Il dilemma tra fare gli interessi del paese nel lungo periodo e vincere un'elezione domani o dopodomani è una costante della politica. La sinistra ha dovuto affrontarlo altre volte. In frangenti più drammatici di quelli attuali.

Uno di questi è il momento storico in cui la sinistra italiana diventa «responsabile», con ramificazioni e conseguenze che arrivano fino a oggi. Per salvare l'economia italiana da una crisi spaventosa, si fa carico delle «compatibilità», oggi diremmo del «vincolo esterno». Chiede sacrifici ai lavoratori. S'impegna a una dura disciplina, anche per ricostruire la fiducia degli investitori. L'epoca si situa molto prima della nascita dell'euro o della crisi del 2008. È l'inizio degli anni Ottanta. Iperinflazione e terrorismo. Svalutazioni e fuga di capitali. Debito pubblico impazzito, tassi d'interesse alle stelle, la liretta che affonda. È in quel frangente drammatico che l'economista Franco Modigliani dall'America spende tutto il suo prestigio e la sua credibilità per spingere alla svolta virtuosa. La sua influenza è enorme per tante ragioni. Ebreo emigrato dall'Italia mussoliniana nel 1939, è uno degli intellettuali antifascisti di punta nella cerchia che si riunisce intorno a Gaetano Salvemini, a Boston. Unico italiano ad aver vinto il premio Nobel per l'economia, al Massachusetts Institute of Technology (Mit) è diventato il maestro di generazioni di economisti, tra cui molti dirigenti della Banca d'Italia, come Mario Draghi.

Modigliani dagli Stati Uniti anima un dibattito sull'iperindicizzazione dell'economia italiana: contesta il punto unico di scala mobile, concordato nel 1975 dal presidente della Confindustria Gianni Agnelli col segretario della Cgil Luciano Lama. Quel meccanismo adegua i salari dei lavoratori dipendenti all'inflazione, compensando circa l'80 per cento del rincaro del costo della vita. Deve garantire la pace sociale ma ci riesce solo in minima parte: l'Italia resta paralizzata dagli scioperi ed è insanguinata dagli attacchi delle opposte fazioni terroristiche. Inoltre, la cosiddetta «contingenza», che arriva a coprire oltre metà del salario, provoca un appiattimento egualitario che non premia il merito né incentiva la produttività. Modigliani è la voce più autorevole che denuncia il danno: dopo gli shock petroliferi degli anni Settanta, la scala mobile è una macchina che perpetua l'inflazione. Gli automatismi impediscono di fare politica economica, «la nave va» da sola alla deriva, nel mare in tempesta.

Nel 1981 il costo della vita sale del 20 per cento, i tassi sul debito pubblico sono anch'essi a due cifre, la spirale è da «sindrome argentina». Modigliani insiste sull'esigenza di tagliare o congelare parzialmente l'indicizzazione dei salari. Viene accusato di essere «la voce del padrone». Il più importante interlocutore che ha in Italia è un suo ex allievo, l'economista Ezio Tarantelli, consulente della Cisl di Pierre Carniti: pagherà il prezzo più alto di tutti, assassinato dalle Brigate Rosse. Quando passa l'accordo per tagliare la scala mobile, la sinistra si lacera, Enrico Berlinguer non ci sta. Dopo la sua morte, il suo successore alla guida del Pci, Alessandro Natta, promuove il referendum contro il taglio della contingenza e lo perde nel 1985. Il Psi di Bettino Craxi ne esce vincitore. Non tutti gli attori replicano il comportamento responsabile del movimento sindacale: manca all'appello, per esempio, la riforma della pubblica amministrazione, che resta una palla al piede per la competitività italiana. Il quadro mondiale è quello di una restaurazione conservatrice: alla Casa Bianca arriva Ronald Reagan, campione del neoliberismo. È l'inizio di un trentennio che sposterà brutalmente i rapporti di forza, riducendo i salari per aumentare i profitti. Ma l'Italia supera la tempesta e avvia un risanamento.

La lezione di Modigliani viene raccolta da Carlo Azeglio Ciampi, che ripeterà il messaggio: non si tutelano i più deboli con l'inflazione e il caro credito; la stabilità dei prezzi e la forza della moneta non sono valori di destra. Inizia in quegli anni la lunga marcia dell'Italia verso l'euro (dopo l'esperimento intermedio dello Sme, il Sistema monetario europeo). L'approdo alla moneta unica sarà merito o colpa storica del centrosinistra, il giudizio finale cambierà a seconda delle stagioni politiche. L'accelerazione verso l'euro, dopo la caduta del Muro di Berlino e la riunificazione tedesca, avverrà però sotto il segno dominante dell'«ordoliberismo» germanico e dell'austerity. E la dottrina del patto di stabilità verrà criticata da tanti neokeynesiani «alla Modigliani».

L'economista non aveva smesso di essere una coscienza critica dell'Italia, sempre con la stessa autonomia di pensiero. Uno dei suoi ultimi gesti prima di morire nel 1983 è stato un appello sul «New York Times» – scritto con gli altri due premi Nobel per l'Economia Paul Samuelson e Robert

Solow – per protestare contro il riconoscimento assegnato a Berlusconi da un'associazione di ebrei americani. Ma è intervenuto anche ogni volta che ha visto a sinistra sintomi di un'involuzione conservatrice o assistenziale. Ha preso posizione in favore della riforma delle pensioni (innalzamento dell'età) contro le resistenze sindacali. Ha sempre sostenuto gli stessi principi sia che al governo di Roma ci fosse Romano Prodi o Silvio Berlusconi. E ha difeso quest'ultimo sulla modifica dell'articolo 18, in nome della flessibilità del lavoro. Ha dato agli italiani un esempio di coerenza e di rigore morale: non conosceva logiche di schieramento. Questa integrità intellettuale faceva di lui un italiano anomalo, sempre vittima di processi alle intenzioni. Avrebbe voluto morire orgoglioso del paese in cui era nato, e a cui ha dedicato l'amore di un padre severo. La sua parabola di vita racchiude i periodi storici che è più importante studiare oggi. Il Modigliani esule in America ci riporta agli anni Trenta, un periodo che ai nostri giorni viene spesso citato in maniera apodittica, per evocare la peste nera dei nazifascismi, ma senza approfondire gli errori della sinistra che spianarono la strada alla barbarie. Il secondo Modigliani, quello che intervenne nel nostro dibattito degli anni Settanta e Ottanta, può aiutarci a rivisitare un altro periodo cruciale, quello in cui le liberaldemocrazie dell'Occidente sembrarono in ritirata, incapaci di fronteggiare il «sovraccarico» di aspettative e di conflitti sociali.

V
La sinistra dei chief executive

Oggi 10.000 donne e uomini saranno condannati a morte dalla mancanza di accesso a cure sanitarie e 262 milioni di bambine e bambini non potranno andare a scuola. Il rapporto Oxfam del 2019 aggiorna le nostre conoscenze sullo stato scandaloso delle diseguaglianze. Se l'1 per cento dei più ricchi pagasse lo 0,5 per cento in più di imposte sul patrimonio, si potrebbe salvare la vita a 100 milioni di persone e permettere a tutti i bambini di avere un'istruzione nel prossimo decennio. La questione sembra però aver perso l'attenzione dell'opinione pubblica mondiale, rispetto agli anni immediatamente successivi la grande crisi del 2008. Allora nacquero movimenti come Occupy Wall Street, che denunciavano un modello di economia squilibrato nel concentrare ricchezze a beneficio dell'1 per cento della popolazione. Studi importanti, per esempio da parte di economisti come Angus Deaton, Thomas Piketty e Branko Milanović, approfondirono le nostre conoscenze sulle cause di quegli eccessi. Tra le quali spicca il ruolo del fisco, con norme scritte ad hoc per legalizzare l'elusione fiscale delle multinazionali, dei loro maggiori azionisti e dei loro top manager.

Quella stagione del dibattito pubblico fu breve e poco feconda in termini di riforme. La pressione fiscale rimane concentrata sul ceto medio, poco progressiva, con prelievi punitivi sul lavoro. La rabbia di un ceto medio impoverito ha sconvolto la geografia politica delle democrazie occidentali, dall'America al Regno Unito, dalla Francia all'Italia, ma ha inciso pochissimo sulle vere ingiustizie. I sistemi fiscali restano disegnati su misura per gli interessi delle oligarchie del denaro.

Il «New York Times» ha dedicato un ampio e documentatissimo reportage alla vicenda di Carlos Ghosn, il grande capo della Renault-Nissan finito nei guai (e agli arresti) in Giappone. Pur esemplare per la professionalità del giornalismo investigativo, l'articolo è un esempio lampante di pregiudizio ideologico. Lo considero significativo anche perché questo «incidente» riguarda tutti noi, e non mi riferisco solo al mondo dei media ma all'Occidente (America-Europa). Per il 90 per cento il reportage indaga in una direzione sola, che è quella già imboccata da molti media americani o europei: Ghosn come vittima di uno scontro politico di una vendetta dell'establishment giapponese contro un manager diventato troppo potente e, ovviamente, un outsider. Solo di sfuggita, in poche righe, l'articolo affaccia un'altra ipotesi. La più banale, quella che a chiare lettere sta scritta nelle carte della magistratura giapponese. Ghosn si è arricchito smisuratamente portando agli estremi quello che in tutto l'Occidente è diventato il costume dei top manager, casta autoreferenziale che ha il privilegio feudale di autoerogarsi ogni sorta di emolumenti e munificenze. La cosa è diventata talmente abituale che in America e in Europa non fa notizia. Lo si considera forse deprecabile, ma «naturale»: è l'economia di mercato, bellezza.

In Giappone, però, non è affatto così. La stessa inchiesta del «New York Times», sempre di sfuggita, rileva che il chief executive della Toyota – multinazionale numero uno al mondo, assai più grande della Renault-Nissan – guadagna meno di un decimo di Ghosn. Meno di un decimo! Per spiegare questa sproporzione raccapricciante, il quotidiano deve ricorrere a una semplificazione che rasenta il falso, parla cioè di una cultura nipponica che sarebbe «quasi socialista». Questo lo potrebbe dire se parlasse della Cina. Il Giappone non ha nulla di socialista. È un'economia capitalista «regolata», né più né meno di quanto lo fossero gli Stati Uniti di Eisenhower e Kennedy negli anni Cinquanta e Sessanta, quando il patto sociale consentiva diseguaglianze molto meno ampie di oggi, e i top manager si accontentavano di guadagnare trenta volte quanto i loro operai (ora il multiplo si misura sulle centinaia). E a proposito di socialismo: l'ultima volta che Ghosn si autogratificò di un aumento a carico della Renault, il governo socialista di François Hollande, in quanto azionista della casa automobilistica, sollevò timide riserve. Ma non resistette più di tanto. Questa subalternità nei confronti della prepotenza dei top manager, in Occidente è diventata la regola, e le sinistre non fanno eccezione. Il Giappone, che non è socialista, ha il merito di ricordarci che un'alternativa è possibile. Esiste, e funziona, nella terza economia mondiale.

Le peripezie giudiziarie di Ghosn in Giappone mi costringono a riaprire una pagina dolorosa, quella di Sergio Marchionne, scomparso prematuramente lasciando un vuoto al vertice di una delle più grandi aziende italiane. Pagina dolorosa non solo perché si tratta di una persona che non c'è più, e la cui morte suscitò grande emozione nell'estate del 2018. Ma anche perché il «mito Marchionne» ha intrappolato un pezzo della sinistra italiana, contribuendo a farla identificare con l'establishment. Se fai il tifo per un membro così eminente dell'élite, se ti converti al culto del top manager sorvolando sui danni della sua azione, non puoi stupirti quando un pezzo del mondo del lavoro ti volta le spalle e decide che anche tu sei élite.

Ho un ricordo preciso e personale di una mia partecipazione qualche anno fa a «Otto e mezzo», il talk show di Lilli Gruber su La7. Matteo Renzi era l'altro ospite. Poiché osai avanzare delle critiche nei confronti di Marchionne, Renzi andò su tutte le furie, manco avessi attaccato lui personalmente, e lo difese a spada tratta. È uno dei tanti esempi – e non tra i più importanti, lo ricordo solo perché ne fui testimone diretto – di una lunga subalternità. Che mi è tornata in mente nell'estate del 2018 quando alla scomparsa di Marchionne una parte della sinistra italiana si è sentita in dovere di celebrarlo come un eroe nazionale, un genio, un creatore di ricchezza. Il rispetto per i defunti, e soprattutto per i loro cari che rimangono fra noi, è un dovere sacro. Ma quando scompare un uomo pubblico e un grande industriale, i bilanci vanno fatti con chiarezza. Marchionne ha lasciato un'azienda in difficoltà, che paga anche per i suoi errori. È stato, come tutti i top manager, un abile utilizzatore di ogni privilegio fiscale che, spostando sedi all'estero, ha sottratto tanta ricchezza all'Italia. E come Ghosn, si remunerava profumatamente, troppo. Che lo ammirino i suoi pari, che sia venerato da altri manager, nulla di strano. Ma che si sia accodata al culto di Marchionne la sinistra italiana e soprattutto un pezzo della sua classe dirigente e dei suoi opinionisti, è uno dei sintomi di una deriva che ne ha snaturato i valori e l'identità.

La storia di Marchionne l'ho incrociata più volte, dal suo rapporto con Barack Obama a quello con Donald Trump, perché coincise con il mio ritorno in America dalla Cina proprio nel 2008-2009, quando la Fiat si lanciò nel salvataggio-fusione con Chrysler. La prima parte di questa vicenda appare quasi irrimediabilmente datata, anche se in realtà sono trascorsi solo dieci anni. Fa impressione, oggi, ripercorrere le date e gli eventi della catastrofe che si è abbattuta sull'industria automobilistica – anzitutto americana – nel cuore della crisi del 2008.

Il detonatore iniziale del disastro sistemico è nel mercato immobiliare (mutui subprime), ma rapidamente il crollo dei consumi – in particolare degli acquisti di auto perché finanziati a credito – assume proporzioni senza precedenti. Diventa un dramma economico, poi sociale, quindi un'emergenza politica che coinvolge due amministrazioni. Nell'autunno 2008 le vendite Chrysler crollano del 35 per cento e l'azienda licenzia il 25 per cento dei suoi dipendenti. Rivela pure che potrebbe non sopravvivere al 2009 e preannuncia la chiusura temporanea di tutti i suoi 30 stabilimenti. George W. Bush, in uno degli ultimi atti della sua presidenza, il 19 dicembre promette un prestito d'emergenza da 13 miliardi di dollari (più altri 4 dal febbraio successivo) per salvare le tre sorelle dell'auto di Detroit. Il 30 marzo 2009 Obama, da poco alla Casa Bianca, vara quella che di fatto è una nazionalizzazione temporanea della Chrysler (la garanzia pubblica dei suoi prestiti). Il mese dopo l'azienda entra nella procedura di bancarotta – legge Chapter 11 – e al tempo stesso annuncia l'alleanza con Fiat che diventerà poi un'acquisizione. All'operazione di salvataggio inizialmente viene associato il sindacato dei metalmeccanici Uaw (United Automobile Workers), che si sobbarca la partecipazione nelle passività del fondo pensionistico e sanitario; inoltre accetta pesanti tagli salariali come per Gm e Ford. L'intesa Obama-Marchionne include un impegno a trasferire negli Stati Uniti *know how* italiano che corregga gli eccessi energivori delle auto made in Usa.

Nella visione di quel periodo, il crollo delle vendite è stato accentuato dal fatto che la gamma delle tre sorelle americane è squilibrata verso modelli di grossa cilindrata, ad alto consumo e alto inquinamento. Obama vede nella crisi l'opportunità per una sterzata ambientalista, è felice che un gruppo europeo possa portare ai consumatori americani modelli meno costosi e ridurre l'impatto sul cambiamento climatico. Marchionne alla fine sarà l'unico a osare. Obama gliene sarà grato, l'italiano ha mostrato coraggio mentre altri erano paralizzati dal pessimismo. È nell'arco di questi pochi mesi che si concentra una svolta decisiva nella storia della Fiat: l'azienda sotto la guida di Marchionne diventa a tutti gli effetti italoamericana con un radicamento senza precedenti sul mercato Usa e di conseguenza una nuova proiezione globale (vedi le vendite Jeep in Cina). Come «cavaliere bianco» che salva un gruppo storico dell'industria americana, Marchionne costruisce con Obama un rapporto forte, che resisterà negli anni. E non gli impedisce tuttavia di «navigare» nelle acque turbolente create dalla presidenza Trump.

Appena dieci anni dopo, l'America e il mondo appaiono irriconoscibili. Alcuni cambiamenti appartengono alla sfera della tecnologia e del costume, non dipendono dalla politica. L'auto elettrica avanza a grandi passi. Da Uber ai suoi emuli, l'idea che l'auto sia un servizio e non un bene da possedere seduce una parte dei consumatori, soprattutto giovani. Infine lo scandalo Dieselgate sferra a Volkswagen e altre case europee un duro colpo, intere gamme di modelli improvvisamente risultano obsolete o addirittura fuorilegge. I ritardi della Fiat sono enormi, soprattutto nella parte italiana. Marchionne non ha visto arrivare a gran velocità la sfida dei modelli elettrici, su cui i concorrenti americani e giapponesi, ma anche tedeschi, hanno anni di vantaggio. Nei maggiori paesi emergenti la presenza Fiat è irrilevante, cosa che stride con una tradizione antica e con una vocazione: siamo stati pionieri nelle utilitarie, ora che le vogliono gli automobilisti indiani ci facciamo superare da altri. L'unico marchio veramente globale del gruppo Fca (Fiat Chrysler Automobiles) è la Jeep. Il ritorno dell'Alfa Romeo sul mercato Usa, più volte annunciato da Marchionne, è un flop, seminvisibile. Infine Marchionne ha incarnato il modello dell'Uomo di Davos: razza rapace, che ha concentrato i benefici della globalizzazione a vantaggio della nuova oligarchia del denaro, i top manager. La Fiat, dal punto di vista del gettito fiscale, è un po' olandese, un po' britannica, un po' americana: solo briciole per l'Italia, dopo averne ricevuto aiuti e sostegni per decenni. Nulla di tutto questo ho sentito nei bilanci ossequiosi che certi capi della sinistra italiana hanno dedicato al chief executive scomparso.

Non che la sinistra americana sia diversa. Voglio ricordare qui la storia delle tasse di Trump. Già dal 2015, agli albori della campagna elettorale, più volte gli fu contestato il rifiuto di pubblicare le sue dichiarazioni dei redditi. Il suo era un gesto scandaloso, visto che dai tempi di Richard Nixon (non un modello di moralità) per mezzo secolo tutti i candidati presidenziali americani si sono sottoposti a questo dovere di trasparenza fiscale. La segretezza di Trump ha alimentato sospetti, accuse. Nell'autunno 2018 questa storia è ritornata agli onori della cronaca: il «New York Times» in un lungo reportage investigativo ha accumulato prove che sul finire degli anni Novanta il futuro presidente aveva evaso le imposte di successione sull'eredità paterna pari a mezzo miliardo di dollari. La ricostruzione del quotidiano è dettagliata, documentata, impressionante. Ma più di tutto mi ha lasciato allibito la reazione dell'Internal Revenue Service, l'agenzia federale del fisco: di fronte all'inchiesta del quotidiano ha annunciato che potrebbe aprire un accertamento. Ma come, solo ora? Il fisco americano si decide con vent'anni di ritardo a fare il suo dovere? Gli ingredienti di una possibile maxievasione fiscale furono ignorati da chi doveva intervenire subito. Trump era una celebrità già negli anni Ottanta e di solito la visibilità aumenta l'esposizione a indagini fiscali. Gli ispettori del fisco e i magistrati che possono ordinare questo tipo di indagini hanno poteri ben più incisivi e invasivi rispetto ai reporter del «New York Times». È inevitabile chiedersi chi lo abbia coperto, e quanto abbiano influito le sue generose donazioni ai politici che governano New York, inclusi quegli alti magistrati, procuratori dalle cariche elettive, a cui finanziò le campagne. Tutti democratici, dal primo all'ultimo.

Ah, i magnifici anni Ottanta. C'era la Milano da bere di Bettino Craxi, ma anche Roma non scherzava: il denaro pre-Tangentopoli era ottimo e abbondante, almeno per gli invitati al festino, nonché per parenti, parenti dei parenti, fino a quelli di terzo grado che magari dovevano accontentarsi delle briciole. Fu l'ultima età dell'oro che una generazione d'italiani ricorda. La catturò bene anche una deliziosa trasmissione di satira-soft, *Quelli della notte* di Renzo Arbore, dove Roberto D'Agostino lanciò l'espressione «edonismo reaganiano». Appunto: perché il modello veniva dall'America di Ronald Reagan, che aveva riabilitato i ricchi, l'ostentazione del lusso. Il consumismo era eticamente benedetto da una teoria economica e perfino come strategia geopolitica: al termine di quel decennio l'Occidente sconfisse l'Impero del Male (l'Unione Sovietica) non solo in virtù dei suoi ideali, ma anche perché noi non ci facevamo mancare niente.

Ritorniamo alla casella di partenza: Trump è la riscossa degli anni Ottanta. Fin nei minimi dettagli, i più kitsch, insopportabilmente volgari. Dobbiamo abituarci alla sua capigliatura oscena, chimicamente esagerata. Alle cravattone che sparano il colore su Marte. Alle penthouse (superattici) decorate come fossero la reggia di Versailles restaurata da un petroliere texano: con finti capitelli corinzi, repliche di statue rinascimentali, rubinetti placcati oro anche nelle toilette della servitù. I tacchi a spillo, i rossetti e le minigonne di Melania e Ivanka, tutto ci riporta indietro agli anni Ottanta. Si può tracciare con precisione scientifica la nuova mappa dei locali frequentati dal presidente eletto: non più i ristoranti Il Maialino e Le Bernardin, il tycoon torna al 21 Club, un'insegna che era proprio all'apice della fama tra i Vip degli anni Ottanta. Dall'America di Steve Jobs o di Mark Zuckerberg, i re Mida californiani che hanno imposto il look minimalista della Silicon Valley (puoi essere miliardario ma devi vestirti come un monaco zen o un surfista di Santa Cruz), si ritorna a quella di Gordon Gekko, il finanziere-pirata interpretato da Michael Douglas che nel film *Wall Street* esaltava l'avidità sfrenata.

Un giornalista economico, Robert Frank, intervistò per il «New York Times» un produttore televisivo che negli anni Ottanta conobbe il massimo successo, Robin Leach (scomparso nel 2018), autore della serie *Lifestyles of the Rich and Famous*. La sua idea di portare l'americano medio a sbirciare dal buco della serratura lo stile di vita degli straricchi sembra profetica. È proprio quel misto di ammirazione-stupore-invidia che molti fan di Trump confessavano candidamente nei suoi comizi elettorali. Adoravano il suo lato *Dinasty* (chi è troppo giovane vada a cercarsi su YouTube quel serial televisivo), l'esibizionismo arrogante con cui sorvolava col jet privato o l'elicottero le masse esultanti prima di concedersi a loro. Sia chiaro che in realtà l'americano medio non esiste, è una stupida semplificazione da cattivi giornalisti, e di certo un ventenne preferisce Zuckerberg come modello. Trump ha conquistato i «redneck», termine in origine spregiativo per indicare i bianchi poveri (il collo rosso è tipico di chi fa lavori manuali all'aperto), oggi rivalutato e rivendicato dalla classe operaia bianca. Sono quelli che adorano il wrestling e le corse di auto del campionato Nascar, i due sport più cafoni in assoluto, non a caso frequentati da decenni dal nostro neopresidente.

Prepariamoci dunque a dover convivere con gli anni Ottanta. In tutti i sensi. Impossibile dimenticare che è proprio nelle politiche economiche di quegli anni – meno tasse ai ricchi, libertà di speculazione finanziaria – che tutti i mali del nostro tempo affondano le radici. I leader della Terza Via, la nuova sinistra, arrivarono subito dopo: Bill Clinton, Tony Blair, Gerhard Schröder. Riconciliarono progressisti e mercato. Continuarono le politiche reaganiane: meno vincoli e pressione fiscale sui privilegiati e sulle aziende. Diedero carta bianca all'Uomo di Davos, anzi s'identificarono totalmente con lui, divennero parte di quel Gotha. A titolo personale, fecero soldi a palate appena dismessi gli incarichi di governo. È nel loro rapporto sfacciato con il denaro che inizia la storia di un sospetto: perché i lavoratori dovevano sentirsi rappresentati, e stretti in un patto di fedeltà?

Avendo vissuto a San Francisco non dovrei stupirmi. Eppure la mia ultima visita nella capitale mondiale delle tecnologie digitali mi ha turbato più del solito. L'esercito dei poveri continua a crescere, le tendopoli si allargano ovunque. Zone affollate dai turisti (Union Square), centri amministrativi e poli museali-culturali (Civic Center) sono ormai accampamenti. Il fenomeno è più visibile che a New York e a Los Angeles perché San Francisco, essendo molto più piccola, sembra sotto occupazione. Fa più scandalo perché lì vicino si concentrano aziende che hanno sfiorato i 1000 miliardi di capitalizzazione ciascuna. E la questione del «che fare di questi homeless» (o che fare «per» loro) domina la campagna elettorale per il sindaco della città. Colpisce soprattutto l'atteggiamento dei Padroni della Rete: Apple, Google, Facebook, Netflix, Twitter hanno le loro sedi a pochi chilometri di distanza. La crescita delle diseguaglianze nel cortile di casa loro dovrebbe interpellarli con un'urgenza estrema. Ma proprio loro, che teorizzano di avere le chiavi di un futuro migliore, voltano lo sguardo altrove, indifferenti o impotenti. Staccano assegni per cause liberal: marijuana libera, no al Muro col Messico. Dei poveri sotto casa si occupano il meno possibile; in parte li impoveriscono loro facendo lievitare i prezzi delle case.

Non che sia tanto diverso nella New York dove abito adesso. Anche qui ci siamo abituati a una promiscuità molto speciale: a pochi isolati dai megagrattacieli per miliardari bivaccano degli homeless; quartieri in preda alla febbre della gentrification come Harlem vedono insediarsi un'alta borghesia colta e raffinata, ma East Harlem resta perlopiù ispanica e povera. Ogni tanto qualcuno decide una velleitaria «bonifica»: nel 2019, per esempio, sono sparite tante panchine dalle stazioni Grand Central e Penn, in modo da ridurre lo spazio «abitativo» dei poveri. I palazzi di lusso obbligano i fattorini delle consegne a presentarsi alla porta di servizio, ma i ricchi li incrociano comunque quando sfrecciano in bici: sono la nuova classe operaia, la loro catena di montaggio sono i marciapiedi della città. Tutti sfiorano tutti, le diseguaglianze non sono un problema astratto e distante; non hai bisogno di andarle a cercare, sono in mostra permanente nel paesaggio urbano. E l'estrema povertà in un certo senso viene esibita, perché si accompagna a marginalità, malattie mentali, alcolismo, tossicodipendenze, quindi comportamenti e stili di vita anomali, che tutti possiamo vedere.

Ben più vasto, e seminvisibile, è invece l'universo dei quasi poveri: persone dai mestieri «normali», che hanno perso accesso al Sogno americano. Salari bloccati per decenni, costo delle abitazioni che cresce, l'istruzione sempre più cara per i figli, l'assistenza sanitaria che va e viene a seconda dei capricci della politica. Eppure il tema delle diseguaglianze che trasformano il capitalismo in una società feudale ha avuto fiammate di attenzione politica e culturale. Abbiamo letto Piketty, abbiamo osservato Occupy Wall Street, abbiamo ascoltato Bernie Sanders. Non è mancato l'interessamento. Risultati concreti: zero. O forse, non quelli che ci aspettavamo. Un pezzo dell'America più penalizzata dalle diseguaglianze ha votato Trump, e forse continuerà a farlo se la buona salute dell'economia risveglierà i salari dal letargo. Un altro pezzo dell'America impoverita e derubata dei suoi sogni non vota più da tanto tempo. Colpa sua? Bisogna pur aprire gli occhi davanti a questo dato: le metropoli della East e della West Coast, dove si concentrano al tempo stesso la massima ricchezza capitalistica e le punte più abnormi delle diseguaglianze, sono tutte sotto il governo della sinistra, da tanto tempo.

VI

C'erano una volta Gramsci e Pasolini. Ora Asia e Pamela

Inesorabile, implacabile, ogni anno arriva l'appuntamento con la serata della consegna degli Oscar. L'attendo con ansia quando vedo che la data si avvicina. So già che cosa mi riserva. Tutti i media progressisti – americani, mondiali – quella sera danno il peggio di sé. Un'orgia di banalità politically correct, una discesa verso gli inferi dell'ipocrisia. Le star di Hollywood lo sanno benissimo, hanno imparato a manipolare la dabbenaggine dei commentatori. Ogni celebrity (non rivelo certo un segreto) ha i suoi addetti alle relazioni esterne, che ne curano anche l'immagine «valoriale»; la passerella degli Oscar viene usata per mandare messaggi che provocano l'orgasmo dei media progressisti. Di volta in volta, l'attrice o l'attore verranno edotti dagli esperti di comunicazione, istruiti in anticipo. Bisogna sapere se quell'anno va più di moda il cambiamento climatico o il razzismo, gli immigrati o le molestie sessuali. La star deve avere bell'e pronto il suo discorsetto sugli orsi polari, o le violenze della polizia americana contro i neri, o gli abusi sulle donne (meglio se attrici), o il dramma dei morti annegati nel Mediterraneo. Se siamo in stagione elettorale, ci scappa pure qualche endorsement esplicito. Con Obama. Contro Trump. Con Hillary. O con Bernie Sanders, variante più radicale. Che sorpresa! E i media liberal ci cascano, con titoli imbarazzanti del tipo *Hollywood si schiera*, come se davvero i pronunciamenti delle star spostassero voti tra gli operai del Michigan. Semmai li spostano a favore della parte opposta: Hillary Clinton fece il pieno di consensi nella Hollywood radical chic. Attori, attrici, registi, cantanti e campioni di football sono la punta dell'iceberg di un'élite di milionari il cui abbraccio con la sinistra politica è mortale. Se quest'ultima fosse raziocinante, capirebbe che le vecchie e nuove classi operaie, i ceti medi impoveriti di tutto l'Occidente sono insospettiti e irritati dall'affollamento di sedicenti progressisti in quello showbusiness che per reddito, privilegi e tenore di vita rientra nell'1 per cento degli straricchi.

E tuttavia, ogni anno è la stessa scena di delirio di fronte alle «parole forti», alle «testimonianze», alle «denunce», ai «gesti simbolici» della serata degli Oscar. L'applauso è garantito, le recensioni dei media variano dall'entusiasmo alla venerazione, dalla commozione all'adorazione. Ma che brave, ma quanto sono coraggiose queste star. Coraggio? Sarebbe più esatto parlare di conformismo. Oggi a Hollywood ci vorrebbe coraggio per schierarsi a destra, e questo è vero da tempo immemorabile: perfino all'epoca di John Wayne (favorevole alla guerra del Vietnam) e di Charlton Heston (vicino alla lobby delle armi, ma solo da vecchio e un po' rincoglionito; da giovane aveva marciato con Martin Luther King), gli attori di destra erano una minoranza. Oggi resta un quasi novantenne come Clint Eastwood a fare il bastian contrario, e ci manca poco che gli assegnino per questo l'Oscar all'Alzheimer.

L'orgia del politically correct hollywoodiano viene poi amplificata in Italia con un'enfasi ancor più smisurata, tipica del nostro provincialismo. Meglio ancora se una star un po' in declino si ricicla da noi prendendo parte a qualche polemica politica domestica. Pamela Anderson (*Baywatch*) attacca Salvini sui profughi? Eccola trasformata in una guru, una leader culturale, un'icona delle battaglie umanitarie. Asia Argento ormai è stata stabilmente insediata nel Pantheon delle guide morali della sinistra italiana.

Come ha potuto la sinistra cadere in un simile abisso di banalità? Da Pier Paolo Pasolini ad Asia Argento, è questa la traiettoria che ci descrive? Ma per evitare l'accusa di sessismo, voglio ricordare quante donne ci hanno guidato nel passato. Si chiamavano Rosa Luxemburg, Hanna Arendt, Simone de Beauvoir. Le pagine più lucide sul fascismo, la guerra, la Resistenza, le scrisse (contestatissima) Elsa Morante ne *La storia*.

La decadenza delle icone della sinistra ha una storia antica, ahimè, e con degli antefatti nobili. Tutto partì da Antonio Gramsci: il padre storico del marxismo italiano rivolse un'attenzione originale al mondo delle idee e della cultura in senso lato; elaborò i concetti di egemonia culturale e di intellettuale organico. Il Partito comunista italiano curò sempre i rapporti non solo con l'accademia e la scienza, cioè la cultura «alta», ma anche con i produttori di opere «nazionalpopolari» capaci di parlare alle masse. Inclusi i grandi del cinema italiano che furono quasi sempre comunisti o socialisti o compagni di strada simpatizzanti: Visconti, Rossellini e tanti altri. Uno dei maggiori intellettuali progressisti del dopoguerra, Umberto Eco, si dilettò a smontare con arguzia e umorismo i meccanismi della neonata televisione nel saggio *Fenomenologia di Mike Bongiorno* (in *Diario minimo*, Bompiani, 1961).

Dopo lo shock del Sessantotto divenne frequente leggere sulle prime pagine dei più diffusi quotidiani nazionali degli editoriali su temi politici e sociali a firma di romanzieri come Alberto Moravia e Pier Paolo Pasolini, un'invasione di campo che mescolava i generi, sconvolgeva le tradizioni e i linguaggi, irritava gli specialisti. Pasolini, in particolare, era capace di essere davvero un intellettuale scomodo, che a volte prendeva posizioni anticonformiste e severe, per esempio quando si schierò con i poliziotti e contro gli studenti negli scontri di Valle Giulia, a Roma nel 1968. (Oggi, invece, quando una celebrity decide di prendere una posizione «scomoda, coraggiosa, provocatoria», dice qualcosa su cui il 99 per cento dei suoi fan è già d'accordo, a priori.)

Ho un ricordo personale, sull'inizio del nostro scivolamento verso il pop. Debuttai come giornalista (in nero e senza un contratto di lavoro, proprio come si usa oggi) nel 1977 alla «Città futura». Era il giornale della Federazione giovanile comunista italiana (Fgci), in un'epoca in cui noi comunisti eravamo troppo moderati agli occhi di un pezzo della gioventù. Quell'anno in Italia fu segnato, oltre che dal terrorismo, da un movimento molto radicale, con punte quasi hippy come gli «Indiani metropolitani», e frange violente come gli autonomi. Per tentare di parlare anche a quel mondo, ci sforzavamo di usare gli «intellettuali organici» più popolari tra i giovani: i cantanti. Non passava settimana senza qualche intervista ai più impegnati fra loro come Giorgio Gaber, Enzo Jannacci, Lucio Dalla, Francesco De Gregori, Francesco Guccini e altri ancora (Fabrizio De André era più schivo, difficile raggiungerlo). Niente di male, sia chiaro: quei nomi sono tra i miei cantautori preferiti, non ho mai smesso di ascoltarli. Nessuno di loro, però, era un Pasolini, né un Umberto Eco. Piano piano, per slittamenti progressivi, confondevamo celebrità e autorevolezza. Riempire uno stadio per un concerto diventava più importante che vincere un Nobel per una scoperta che salva milioni di vite umane; la visibilità sui media diventava un incentivo perverso.

Questo imbarbarimento non riguarda solo la sinistra, sia chiaro. L'America, terra d'origine e laboratorio globale della cultura di massa, venne studiata da Silvio Berlusconi, che s'impadronì dei suoi linguaggi e dei suoi modelli per lanciare la Tv commerciale, sfondando tra i ceti popolari anche grazie a una cerchia di consiglieri che inizialmente erano stati di sinistra (Giuliano Ferrara, Maurizio Costanzo, Carlo Freccero e tanti altri). L'America molto prima di Donald Trump ha inventato, e ha dato in pasto alle sue audience, celebrity che oggi vengono tranquillamente definite «famous for being famous», famose per il solo fatto di essere famose, cioè dotate di un unico talento, che è saper gestire la propria immagine.

Da Paris Hilton a Kim Kardashian, Internet e poi i social media si sono rivelati dei moltiplicatori straordinari, terrificanti. Il fenomeno non ha una connotazione politica precisa; anche se potete scommettere sul fatto che Paris e Kim adorano gli orsi polari e i bambini poveri... Le troverete sempre schierate con cause nobili, giuste, umanitarie, bellissime e commoventi. Si arriva così all'invenzione di nuovi mestieri come gli influencer, e qui la massima celebrità in Italia credo sia Chiara Ferragni. Di sinistra o di destra, dem o grillina o leghista, lo ignoro e non importa. So che la sinistra italiana ha dato un contributo deleterio a questo scivolamento. Da una serata degli Oscar all'altra, gli applausi scomposti verso le star del politically correct hanno ottuso le nostre facoltà cerebrali.

Poi c'è #MeToo, ovviamente. Forse un giorno il «caso Weinstein» – il produttore di Hollywood ormai celebre per quel che faceva subire alle attrici – diventerà una pietra miliare nella storia del costume, dei diritti delle donne, dei valori etici dominanti. Forse un giorno si parlerà di un «prima o dopo Weinstein», come un confine tra due epoche storiche. Sottolineo il forse. I bilanci sui grandi cambiamenti si fanno con lucidità venti o cento anni dopo. Questa vicenda è ancora in piena evoluzione ed è intrisa di ambiguità.

Mi colpisce il giudizio di tante mie coetanee italiane (in particolare italiane trapiantate in America, che vivono in equilibrio tra due mondi e due sistemi di valori). Applaudono il coraggio delle donne che finalmente si ribellano, finalmente respingono i ricatti e le minacce, finalmente aprono lo squarcio su una realtà orrenda. Però aggiungono spesso un'altra storia. Ricordano di essere state danneggiate anche da altre donne, più disinvolte e intraprendenti, che della disponibilità sessuale facevano un'arma per la carriera. Donne mediocri, prive di talento, ma furbe e spregiudicate, hanno anche loro inquinato i luoghi di lavoro, conquistandosi delle corsie preferenziali. Salvo oggi essere in prima fila tra le accusatrici. E non c'è bisogno di pensare al cinema o alla tv o ad altri mestieri glamour, perché queste cose accadono anche a chi lavora in una banca, in una compagnia assicurativa. Nei racconti di amiche e colleghe che hanno raggiunto la maturità o lo status anagrafico di «pantere grigie» c'è un mondo più sfumato dove non tutte le donne sono state sempre vittime, alcune hanno preso di mira i maschi predatori e li hanno usati come trampolini.

Sui predatori ho un'altra teoria. È utile prendere in prestito dall'etologia la categoria del maschio alfa, il capobranco. Il maschio alla Weinstein è un porco con le donne e fa loro subire le umiliazioni più ignobili, che lasciano traumi profondi. Ma Weinstein e quelli come lui rendono la vita impossibile anche ai colleghi maschi, ai collaboratori, ai dipendenti di ogni sesso. Il predatore sessuale spesso coincide con la figura del collega iperarrogante, o del capo prevaricatore su tutti. Il nostro mondo, le nostre aziende, i nostri luoghi di lavoro sono dominati da uomini che si ritengono di una razza superiore, hanno il culto di sé, pensano di poter calpestare chiunque incontrino sul loro cammino.

Purtroppo, in buona parte questa cosiddetta élite coincide con la classe dirigente, ha preso il possesso dei comandi. Poiché il maschio alfa è certo di volare alto come le aquile, molto al di sopra dei comuni mortali, è anche convinto che a lui le regole non si applichino. La prepotenza sulle donne, dalle avance moleste fino alla violenza, nasce in questo contesto, dove manca l'empatia verso gli altri e scompare ogni rispetto. In questo senso la battaglia delle donne, se avanza in ogni settore, renderà un po' più liberi anche tanti uomini. Potrebbe essere l'inizio di una rivoluzione valoriale, verso un mondo del lavoro e una società dove il potere sia sinonimo di responsabilità. Dopo decenni in cui abbiamo visto crescere proprio ai vertici un diffuso senso d'irresponsabilità, questa sarebbe una vera inversione di tendenza.

Resta un'eccezione suprema e tremenda. Donald Trump sembra immune, impunito. Ci sono ancora dei potenti che fanno troppa paura, contro i quali la ribellione è perdente. Non aiuta il fatto che, quando era presidente Bill Clinton, ci furono omertà e indulgenze in tutto il campo progressista, incluse autorevoli femministe americane. E sua moglie Hillary non esitò a trattare Monica Lewinsky come una puttana. Questo ha pesato, eccome se ha pesato, quando si è cercato di usare il tema delle molestie sessuali contro Trump. Tante donne americane che votano repubblicano, ascoltando le vibrate denunce di Hillary, si sono dette: da che pulpito.

Mancavano più di quindici anni al caso Weinstein e al movimento #MeToo nell'ultima versione. Ci eravamo trasferiti dall'Italia a San Francisco all'alba del nuovo millennio, nel 2000. Mia moglie aveva alle spalle diverse esperienze di lavoro a Roma, Parigi, Milano. S'inventò un nuovo mestiere in California, che sarebbe diventato la sua grande passione: l'insegnamento. Così, entrata in un liceo internazionale di San Francisco, divenne la mia «spia» su fatti di costume locale, la persona più vicina a me che quotidianamente mi raccontava un ambiente di lavoro americano. Anzi: americano e misto, perché in quella scuola lavoravano fianco a fianco professori americani, francesi, oltre a qualche tedesco, spagnolo e latinoamericano. E fu subito «scontro di civiltà», proprio sul tema dei rapporti tra i sessi. Stefania mi raccontava la frustrazione delle colleghe francesi, riassunta in una battuta: «Investi una parte del tuo stipendio in cosmetici, beauty farm, vestiti e accessori. Poi non trovi un solo collega che ti faccia un complimento». Ripeto, nessuno si sarebbe sognato il movimento

#MeToo, eppure già allora i rapporti tra i sessi sul luogo di lavoro erano codificati in modo ben diverso in America rispetto all'Europa.

Quindici anni fa, in California, se non proprio vietato era già fortemente sconsigliato fare un apprezzamento estetico a una collega. Il confine tra un'amabile cortesia, un gesto di riguardo, e una «avance», preludio a un tentativo di flirt o addirittura di molestia sessuale, si era spostato in modo draconiano. Notare la nuova acconciatura della collega, lo smalto sulle sue unghie o il suo tailleur poteva essere male interpretato. Come minimo, si prestava all'accusa «noi donne veniamo osservate e valutate sempre e soltanto sull'aspetto fisico». Nella peggiore delle ipotesi il collega maschio era «uno che ci prova». Dunque: il silenzio è d'oro, e di fronte a una minigonna conviene voltarsi dall'altra parte.

E le regole di comportamento erano ancora più severe se al rapporto uomo-donna si aggiungeva una dimensione gerarchica. Questo lo ricordo io: quando il rettore del master di giornalismo all'università di Berkeley, Orville Schell, mi chiamò a tenere dei seminari, scoprii che in quell'ateneo né lui né i docenti potevano ricevere una studentessa senza tenere spalancata la porta dell'ufficio, in modo che qualcun altro (preferibilmente un'assistente di sesso femminile) potesse testimoniare che non era successo nulla di improprio. Tutto questo, nella preistoria di #MeToo, rivelava due cose. Da un lato che l'America aveva preso maggiore consapevolezza del rischio di molestie sessuali, rispetto ai paesi europei. Dall'altro confermava una caratteristica antica del femminismo americano, che fin dagli albori fu segnato dalle origini puritane di quel paese. Nel puritanesimo della *Lettera scarlatta* – classico della letteratura americana scritto nel 1850 e ambientato nel Seicento – gli uomini dettavano legge e le donne erano tutte «streghe» potenziali, seduttrici infernali, viziose da reprimere. Col tempo la rappresentazione è stata rovesciata, ma una potente vena sessuofobica è rimasta. Stefania e le sue colleghe francesi erano sorprese e divertite nello scoprire regole del gioco così diverse rispetto ai luoghi di lavoro europei; non nascondevano però qualche scetticismo sull'opportunità di «disinfettare» da ogni energia sessuale i rapporti tra colleghe e colleghi.

Molti anni dopo, in pieno terremoto di #MeToo, contro il puritanesimo travestito da femminismo ha osato schierarsi una che di sessuofobia se ne intende. È la scrittrice Margaret Atwood, autrice di una quarantina fra libri di poesia, saggi e romanzi, incluso *The Handmaid's Tale* (*Il racconto dell'ancella*). La serie televisiva tratta da questo suo romanzo è ambientata in una società totalitaria, dove le donne sono proprietà dello Stato, il desiderio e il piacere sono banditi, l'atto sessuale è rigidamente pianificato a fini di procreazione. Una distopia chiaramente ispirata al fondamentalismo puritano dei Padri pellegrini che furono all'origine degli Stati Uniti. Di fronte al fenomeno #MeToo, dal quale ha preso le distanze col risultato di essere sommersa di critiche, Margaret Atwood nel gennaio 2018 ha scritto una lettera aperta al quotidiano canadese «The Globe and the Mail» di cui riporto alcuni passaggi:

> Sembra che io sia una Cattiva Femminista. Oggi posso aggiungere questa accusa alle altre da cui sono stata bersagliata dal 1972: di aver fatto carriera scavalcando una piramide di teste di uomini decapitati, di essere una dominatrice che soggioga gli uomini, ... Ora a quanto pare sto conducendo una Guerra contro le Donne, sono una misogina che permette gli stupri.
>
> A che cosa deve assomigliare una Buona Femminista, secondo le mie accusatrici? La mia posizione fondamentale è che le donne sono esseri umani, con tutto il ventaglio di comportamenti santi e diabolici che questo comporta, inclusi gli atti criminali. Non sono angeli incapaci di commettere il male. Se lo fossero, non avremmo bisogno di uno Stato di diritto col sistema giudiziario. Né credo che le don-

ne siano come bimbi incapaci di prendere decisioni morali. Se lo fossero, ci ritroveremmo nell'Ottocento quando le donne non potevano avere proprietà, studiare all'università, decidere sulla riproduzione, e votare. Ci sono delle forze che la pensano così in America, ma di solito non sono considerate femministe.

#MeToo è un sintomo di un sistema legale che non funziona. Troppo spesso, delle donne e altre vittime di abusi sessuali non sono riuscite ad avere giustizia attraverso le istituzioni o dentro le aziende, per cui hanno usato un altro strumento: Internet. Le stelle sono cadute dal cielo. Questo è stato molto efficace, ed è stato visto come un grande risveglio. Ma poi? Si può scegliere di far funzionare meglio la giustizia; oppure di farne a meno ...

Se aggiriamo il sistema legale, che cosa lo sostituirà? Quali saranno i nuovi poteri? Di certo non saranno le Cattive Femministe come me ... Nei tempi estremi vincono gli estremisti. La loro ideologia diventa una religione, chiunque non scimmiotti le loro opinioni è visto come un eretico, un traditore, i moderati vengono eliminati.

Sulla stessa lunghezza d'onda, e nello stesso periodo, usciva in Francia il cosiddetto «appello di Catherine Deneuve». Cioè, così fu frettolosamente definito sui media, sempre attirati dal fulgore della star. In realtà la Deneuve era solo una delle 100 firmatarie, insieme a scrittrici, donne magistrato, filosofe, altrettanto autorevoli ma meno celebri di lei. Il manifesto, una dura ed esplicita presa di distanza da #MeToo, aveva un titolo che da solo era già uno schiaffo (quello sì scomodo, imbarazzante, pasoliniano): *Difendiamo la libertà d'importunare, indispensabile per la libertà sessuale*. Anche di quel testo riporto alcuni estratti.

Lo stupro è un crimine. Ma ... la galanteria non è un'aggressione maschilista. In seguito allo scandalo Weinstein c'è stata una legittima presa di coscienza delle violenze commesse sulle donne, in particolare nel mondo del lavoro, dove certi uomini abusano del loro potere. Era necessaria.

Ma quella liberazione della parola oggi si rovescia nel suo contrario: ci si chiede di parlare secondo le regole, di tacere ciò che disturba, e quelle fra noi che rifiutano i diktat sono trattate come delle traditrici, delle complici! È tipico del puritanesimo: fa suoi gli argomenti di protezione delle donne per incatenarle alla condizione di eterne vittime, poveri piccoli oggetti dominati dai diavoli fallocrati, come ai bei tempi della stregoneria.

#MeToo ha scatenato sulla stampa e i social media una campagna di delazioni e di accuse pubbliche contro individui che, senza avere la possibilità di rispondere né di difendersi, sono stati catalogati come aggressori sessuali. Questa giustizia sbrigativa ha già fatto delle vittime, uomini sanzionati nella loro professione, costretti a dimettersi, talvolta solo per aver toccato un ginocchio, tentato di rubare un bacio, per aver parlato di cose intime in una cena di lavoro o per aver mandato un messaggio a sfondo sessuale a una donna con cui l'attrazione sessuale non era reciproca. La corsa febbrile a mandare i maiali al mattatoio, lungi dall'aiutare le donne a liberarsi, in realtà serve gli interessi dei nemici della libertà sessuale, gli estremisti religiosi, i reazionari, gli eredi di una morale vittoriana secondo i quali le donne sono esseri diversi, bambine col viso di adulte, in cerca di protezione. Di fronte a loro gli uomini sono sotto pressione per fare il mea culpa e frugare nelle loro coscienze per trovare nel passato un comportamento improprio, di dieci o venti o trent'anni fa, di cui devono pentirsi. La confessione pubblica, l'incursione degli autoproclamati procuratori nella sfera privata, crea un clima da società totalitaria.

L'ondata purificatrice non conosce limiti. Si censura un nudo di Egon Schiele su un manifesto; si chiede il ritiro di un quadro di Balthus da un museo perché sarebbe un'apologia della pedofilia; si chiede la messa al bando di una retrospettiva di Roman Polanski alla Cinémathèque ... Una docente universitaria giudica il film *Blow-up*, di Michelangelo Antonioni, «misogino» e «inaccettabile» ... Alcuni editori già chiedono ad alcune di noi ... di rendere più evidenti i traumi subiti da personaggi femminili nei nostri libri.

Al limite del ridicolo, un progetto di legge in Svezia vuole imporre un consenso esplicitamente notificato prima di ogni rapporto sessuale!

La Deneuve, pagando il prezzo della sua notorietà, è stata oggetto di linciaggi sui media progressisti, ha dovuto spiegare e giustificarsi più volte per aver aggiunto la sua firma a una lettera così.

È una piccola storia ignobile, che si svolge nel «paradiso» turistico delle Hawaii, e ha dato un po' di lavoro alle autorità consolari italiane. È tutto documentato nei rapporti di polizia, poi trascritti dai funzionari della Farnesina; niente è lasciato alla fantasia di chi scrive.

Una mamma italiana, avendo la possibilità di farlo, decide di trasferirsi per un anno alle Hawaii e di iscrivere lì il figlio alle elementari. Così imparerà l'inglese presto e bene. Il figlio ha imparato molto di più.

In quella scuola il bambino s'invaghisce di una compagna. A modo suo prova a corteggiarla anche se lo ostacola un inglese ancora molto rudimentale. Fa una cosa sbagliata, perché tenta di baciarla. Lei non solo non ci sta ma chiama in soccorso il suo vero fidanzatino, anche lui un bambino delle elementari. Quest'ultimo interroga il piccolo italiano usando la parola «rape», cioè stupro. In sostanza gli chiede se ha tentato di stuprare la bimba. L'italiano, confuso e soprattutto incapacitato linguisticamente, farfuglia qualcosa che – prontamente ripreso con lo smartphone di chi lo interroga – diventa una «confessione di stupro». Il video viene esibito come una prova di colpevolezza davanti alla maestra. E qui, quando entrano in gioco gli adulti, la faccenda si fa più problematica. La maestra trasferisce la pratica dello scandalo alla preside. E la preside non esita un attimo: compone il numero di telefono delle emergenze 911, allerta la polizia. Che arriva a scuola e arresta il bambino italiano, ammanettandolo davanti a tutti i suoi compagni. Mani e piedi immobilizzati, come per un pericoloso criminale adulto che possa aggredire gli agenti. Nuovo dispiegamento di smartphone da parte dei compagnucci di classe, per cui il video dell'arresto in pubblico fa il giro delle Hawaii e ben oltre. Quando la mamma italiana riesce a farsi assistere per rintracciare e poi liberare il figlio dal commissariato dov'è detenuto, cominciano le proteste della genitrice nonché delle autorità italiane che l'assistono. Alle quali seguono risposte, spiegazioni, giustificazioni. Praticamente tutte identiche. La maestra ha seguito le procedure, che sono molto severe quando c'è anche solo un sospetto di molestie sessuali. La preside? Ha seguito le procedure, idem come sopra. La polizia? Ha seguito le procedure. Perfino l'arresto in manette di un bambino a scuola è previsto. Forse, velatamente, ammettono di avere qualcosa da rimproverarsi, c'è stato qualche ritardo nel fornire un interprete italiano (ammanettare un bimbo delle elementari non fa una piega, ma non garantire il rispetto delle minoranze linguistiche no, quello non è politically correct). Tutti hanno la coscienza a posto, nessuno si è macchiato del crimine supremo che sarebbe l'aver sottovalutato un sospetto caso di abusi sessuali. Cioè il bacio rubato a una bambina.

Una costante unisce questa vicenda ad altre, e non tutte necessariamente legate al puritanesimo sessuale dell'America. Più in generale, i bambini crescono in un mondo dove gli adulti hanno smesso di fare il loro mestiere. Cioè di fare gli adulti. Quindi di indagare, capire, educare, spiegare, ammonire, castigare se necessario. È tutto troppo faticoso, perfino rischioso. È molto più facile ripararsi dietro i regolamenti, le leggi, la polizia e i tribunali. La maestra e la preside si sono risparmiate fatica e possibili grane, non hanno cercato di farsi raccontare esattamente cos'era successo, di ricostruire un «incidente» dell'universo infantile, di dargli un senso e una logica. Non hanno usato il loro buonsenso e la loro autorità per aprire gli occhi ai bambini. Un mondo dove i grandi hanno paura di fare i grandi: come dev'essere pauroso per i piccoli.

C'è cascato anche il «New York Times». E non mi riferisco al culto della personalità – tutto italiano – verso Asia Argento. Con lei il quotidiano leader del politically correct made in Usa è stato equanime, avendo dato spazio e par condicio anche a chi l'accusava e la screditava. No, per la candidata al ruolo di Giovanna d'Arco bisogna trovare qualcun'altra. Ma il «New York Times» si è convinto di aver contribuito in modo decisivo alla nuova rivoluzione femminista grazie alle sue inchieste sul grande porco di Hollywood. Un anno dopo l'inchiesta giornalistica sui ripetuti abusi sessuali del produttore cinematografico Harvey Weinstein, il giornale celebrava «il primo anniversario del movimento #MeToo». Commettendo un peccato di autoreferenzialità, o forse peggio. Bisognava scorrere molte pagine, leggersi con attenzione tutti gli articoli e le firme prestigiose, per scovarvi (seminascosto) l'intervento di un'autrice afroamericana che osasse ricordare la verità.

Me Too non ha compiuto un anno, ma dodici. Nacque senza «hashtag», quando ancora non si usava il segno #. E quell'espressione aveva un significato diverso, alla sua origine nel 2006. La coniò Tarana Burke, oggi quarantacinquenne, attivista afroamericana dei diritti civili nel Bronx. Burke non è una sconosciuta visto che «Time» le dedicò una copertina; tuttavia la sua storia viene continuamente messa in secondo piano. È scomoda per tutti. Lei ricordò di aver ascoltato nel 1997 la confidenza di una tredicenne che era stata vittima di abusi sessuali. «Anni dopo, ripensandoci, avrei voluto trovare la forza di dirle: anch'io. Come te, anch'io ho subito la stessa violenza.» Il dettaglio che i media liberal spesso omettono: la ragazzina era nera, come Tarana Burke. E quel grido, Me Too, era rivolto dalla Burke in molte direzioni. Alle donne delle minoranze etniche, per incoraggiarle a uscire allo scoperto, a non colpevolizzarsi, a cercare solidarietà e conforto. Alle donne bianche, per ricordare che c'è chi sta peggio di loro. Ai maschi afroamericani, per spezzare una cultura perversa dell'omertà, che genera il ricatto permanente: guai a chi li denuncia, fa il gioco dei razzisti.

Quest'ultima verità, molto delicata, viene omessa quasi sempre nel dibattito pubblico attuale. In mezzo alle compiaciute autocelebrazioni del «New York Times», solo l'afroamericana Shanita Hubbard lo ha ricordato: «Noi ragazze nere siamo state educate con questo insegnamento: poiché gli uomini della nostra comunità sono in pericolo, la sofferenza che loro ci infliggono non è una priorità». Siccome un maschio adulto afroamericano ha più probabilità di chiunque altro di essere arrestato e incarcerato, denunciarlo come stupratore non farebbe che peggiorare la sua vita. Me Too, anch'io soffro, era un messaggio rivolto anzitutto alla comunità nera. E ai bianchi progressisti che avallano la stessa omertà. Donne incluse. La Hubbard conclude che il movimento #MeToo «si è acceso ovunque, ma le voci di noi nere continuano a essere ignorate».

I titoli dei giornali ne sono la conferma. Quante volte abbiamo letto l'espressione Uomo Bianco, con due maiuscole, per designare i colpevoli di atti ignobili? Mai nessun giornale rispettabile si sognerebbe di additare l'Uomo Nero. Né tantomeno l'Uomo Islamico. Non importa se la cultura patriarcale, maschilista, prevaricatrice è ancor più consolidata tra gli uomini afroamericani e in molte comunità musulmane. Non è un caso che le donne nere si sentano ancora oggi più sole e indifese rispetto alle attrici bianche di Hollywood.

Quando è stato finalmente condannato al carcere lo stupratore seriale Bill Cosby, poco abbiamo letto sull'enorme difficoltà delle sue vittime a denunciare un'icona della comunità afroamericana. Anche perché, fra gli orrori che ha commesso, Cosby era stato dottor Jekyll e mister Hyde: uno dei pochi neri a denunciare in modo chiaro i messaggi sessisti di molti rapper afroamericani. Leggere con attenzione i loro testi significa immergersi in una cultura dove la ragazza è disprezzata, la violenza maschile esaltata. Eppure il rap gode di buona stampa; e oltre che un business miliardario è considerato un orgoglio della comunità afro. Quanti tabù, di fronte ai quali ammutolisce il politically correct. La nostra credibilità non ne esce bene.

VII

«Internet ha sempre ragione»

Una tranquilla cittadina di provincia, una domenica mattina. I due amici sono seduti al tavolino di un bar, all'esterno. Jean rimprovera a Bérenger la sua mancanza di personalità. Di colpo un rinoceronte attraversa la piazza, quasi al galoppo. Gli abitanti del quartiere osservano sconcertati, commentano il passaggio dell'animale raro. Poco dopo un rinoceronte ripassa, a gran velocità, nella direzione opposta. Era lo stesso? O un altro? L'indomani l'episodio domina le conversazioni. Arriva la signora Boeuf, spaventata. Rivela di essere stata rincorsa da un rinoceronte nel quale ha riconosciuto i tratti di suo marito.

Chi ha la mia età, avrà riconosciuto l'inizio di un testo teatrale di Eugène Ionesco, *Il rinoceronte*. È un classico del teatro dell'assurdo, molto rappresentato sulle scene parigine quando ero adolescente. La storia prosegue in modo surreale. Le apparizioni di rinoceronti si fanno sempre più frequenti. Sono, si scopre, delle metamorfosi di tipo kafkiano. Ma Gregorio Samsa nella *Metamorfosi* è l'unico a svegliarsi trasformato in un gigantesco scarafaggio. Nella storia di Ionesco, invece, a poco a poco tutti diventano animali, salvo il protagonista. Trasformarsi in rinoceronte all'inizio è un'anomalia, una sciagura orribile. Poi diventa la normalità. Guai a chi non è rinoceronte, è lui il diverso, emarginato, accerchiato.

I grandi artisti hanno questa capacità: dalla loro fantasia scaturiscono metafore universali. Ciascuno può riconoscervi un'intuizione, un'allegoria della realtà. Le interpretazioni multiple sono legittime, sono la dimostrazione che l'arte ci parla da un'epoca all'altra, supera la prova del tempo.

Ionesco scrisse quest'opera nel 1959. Romeno emigrato in Francia, aveva vissuto l'avanzata di due totalitarismi, il nazismo e il comunismo. *Il rinoceronte* venne interpretato in quella luce: una parodia angosciante del conformismo. Il contagio del virus totalitario dapprima colpisce una minoranza. Ma non incontra resistenze, diventa la normalità. Rimanere se stessi è quasi impossibile. Pericoloso.

Ognuno di noi può reinventare il rinoceronte applicandolo ai propri incubi. A me questa pièce dimenticata è tornata in mente mentre correvo la maratona di New York. Di tante edizioni a cui ho partecipato, era la prima così infestata da corridori che si facevano «selfie» in continuazione.

Qualcuno ricorda la prima volta in cui vide per strada uno zombie umano camminare con gli occhi incollati allo schermo dello smartphone? Impossibile. Probabilmente la scena ci colpì solo per un attimo. Oggi siamo circondati dai rinoceronti; o lo siamo già noi stessi. Chi ancora si ostina a camminare guardando gli altri negli occhi, è destinato all'estinzione? Ci rendiamo conto della metamorfosi di massa a cui ci hanno sottoposti i Padroni della Rete? Esperimento da laboratorio su miliardi di esseri viventi. Cavie già affette da una mutazione irreversibile, temo: il sequestro della nostra attenzione.

Nel mio ultimo libro, *Quando inizia la nostra storia*, ricordo la profezia di Marshall McLuhan, il sociologo-semiologo canadese che nei primi anni Sessanta intuì il «villaggio globale». Era in anticipo di mezzo secolo. Era un genio. Sapeva vedere il dualismo del progresso: non sempre ci migliora, anzi. Nello stesso libro evoco un'altra svolta storica, molto diversa: le guerre dell'oppio con cui l'Inghilterra vittoriana impose il narcotraffico in Cina, facendo così precipitare una civiltà millenaria nella decadenza per oltre un secolo. Le civiltà possono morire, eccome. Ne sono già scomparse tante. I primi sintomi del male passano inosservati. O addirittura appaiono benefici.

L'arrendevolezza con cui accettiamo l'intrusione dei Padroni della Rete nelle nostre vite è un dato del nostro tempo. Non è di sinistra né di destra il sottovalutare lo scempio della nostra privacy, il «mercato dell'attenzione», la dittatura della superficialità che ci rende più manipolabili che mai. Però c'è una colpa specifica di una certa élite progressista, che verso i colossi digitali della West Coast americana ha un'attrazione fatale. In America fu Bill Clinton il primo leader politico importante ad allinearsi con Bill Gates nel proclamare: «Internet renderà il mondo più libero». Erano i beati anni Novanta, dominava la profezia sulla fine delle dittature, poi smentita in modo clamoroso da una Cina che si è costruita il «suo» Internet, ha fatto balzi tecnologici prodigiosi, ma si guarda bene dal lasciar circolare le nostre idee, le nostre informazioni. Barack Obama vinse due elezioni grazie anche a un uso accorto dei social media; tra i suoi collaboratori e tra i suoi finanziatori, pullulavano giovani talenti della Silicon Valley. E da presidente non ha mai fatto nulla che potesse disturbare i loro interessi, anzi ha difeso i Padroni della Rete quando la Commissione europea tentava di arginare le loro prepotenze o di castigare la loro immane elusione fiscale. In generale i miliardari dell'economia digitale si proclamano orgogliosamente di sinistra, li troviamo sempre dalla parte giusta nelle battaglie valoriali: sono favorevoli agli immigrati (salvo sottopagarli quando sono addetti alle pulizie negli uffici di Apple); hanno sostenuto il matrimonio gay; sono ambientalisti a oltranza (perché l'inquinamento delle loro fabbriche lo hanno trasferito in Cina); memori della loro adolescenza hippy, sostengono la marijuana libera. E ovviamente sono contro Trump: il padrone di Amazon, Jeff Bezos, si è pure comprato il «Washington Post» e garantisce una linea editoriale di dura opposizione. Guai a parlargli di pagare più tasse, però.

La sinistra americana dunque è in pieno conflitto d'interessi. Da San Francisco a Seattle, da Palo Alto a Cupertino si concentrano alcuni dei suoi principali finanziatori. Non stupisce che il partito democratico americano non li voglia contraddire. «Internet ha sempre ragione»: è anche una brutale questione di soldi.

Per la sinistra italiana è diverso. Non ha «campioni nazionali» da difendere in questo settore, dove il paese è largamente assente. E la pista dei soldi non è rilevante quanto negli Stati Uniti, dove le leggi sui finanziamenti elettorali non pongono praticamente alcun limite alle donazioni dei miliardari. La sinistra italiana, però, ha un fatale complesso d'inferiorità. Si sente provinciale (perché spesso lo è) e tenta di ovviare abbracciando in modo acritico «la modernità». Ha il terrore di apparire fuori gioco, obsoleta e periferica, se non celebra con entusiasmo qualsiasi innovazione. Essendomi trasferito a vivere a San Francisco al passaggio del millennio, ormai vent'anni fa, per raccontare al pubblico italiano la prima rivoluzione di Internet, quel mondo lo conosco bene. Ci ho messo radici profonde, anche familiari, visto che mia figlia Costanza insegna all'università di San Jose nel cuore della Silicon Valley. Sono vaccinato contro i complessi d'inferiorità, non mi sento in soggezione nei confronti di un ambiente di cui conosco da vicino le potenzialità e i limiti. Ho assistito, con costernazione, ai pellegrinaggi dei politici italiani che vanno a San Francisco come se fosse Lourdes: per essere miracolati dalle tecnologie, per curarsi dalla propria arretratezza. Vale per tutti i politici, di ogni colore. Ma quelli di sinistra hanno sempre mostrato una devozione particolare alla Madonna di Lourdes californiana. In quella loro subalternità, in quel provincialismo di chi deve mostrarsi «aggiornato», ci sono anche i germi di una filiazione: dalla sinistra al Movimento 5 Stelle. «Internet ha sempre ragione»: nella nuova religione gli adepti più recenti hanno surclassato tutti, sono diventati i più integralisti.

Si sta ripetendo con Internet – su scala ben più vasta – una sindrome che gli italiani hanno vissuto ai tempi dell'avvento della Tv commerciale. Molti a sinistra giocarono a fare gli apprendisti stregoni. Scimmiottando il linguaggio televisivo, adulando ogni star del piccolo schermo, rincorrendo il gossip, coltivando la superficialità e la banalità, in un appiattimento continuo del linguaggio che stravolse anche il ruolo dei giornali, quella sinistra pop spianò la strada a Berlusconi. Alla fine lui fu molto più abile nel padroneggiare il nuovo mezzo. Oggi la trappola è ancora più micidiale perché al posto di Berlusconi ci sono giganti multinazionali, e gli inventori dei social media vantano un'egemonia culturale formidabile: ci hanno convinti di essere il «Progresso», nientemeno. Nella loro avanzata implacabile travolgono ogni resistenza (non che ce ne siano molte). Il mondo della carta stampata, tra un piagnisteo e l'altro per il proprio declino, ha costruito la propria versione digitale in una subalternità ossequente ai Padroni della Rete e alle loro gerarchie valoriali. Basta navigare sul sito di qualsiasi giornale per trovarlo trasformato in un altare di adorazione dei social media. Ogni influencer, ogni celebrity «famosa per il solo fatto di essere famosa», ha immediata visibilità e risonanza su quei siti che dovrebbero fare informazione seria. Per non parlare dei gattini che imperversano in Rete. «Il medium è il messaggio», secondo McLuhan: in questo caso il messaggio è di una resa totale e incondizionata.

Nella migliore delle ipotesi possiamo paragonarlo alla «formula segreta» della Coca-Cola o all'invenzione dei pop corn caldi al cinema. Più realistico, forse, è ragionare sulle analogie con gli oppiacei e le loro dipendenze. Compie dieci anni un'invenzione digitale che ai più sembra innocua, perché tutte le trappole ben costruite devono sembrare benevole, rassicuranti. Dopo lunga progettazione e gestazione, il pulsante «like», «mi piace», venne attivato sul social media il 9 febbraio 2009. Da allora, usato miliardi di volte al giorno, è diventato uno dei tic della nostra vita quotidiana. Costa zero fatica e zero concentrazione, anche se scorri distrattamente le foto e i video degli amici, gratificarli con un «like», lasciargli in omaggio una piccola testimonianza del tuo gradimento. Ogni traccia di ciò che fanno i nostri conoscenti, delle loro immagini o dei loro pensieri, può essere commentata col «pollice blu» rivolto in alto. E viceversa, se vado ad aggiornare ciò che ho messo di me stesso e della mia vita sul social media, posso controllare se mi sono meritato un po' di pollicini positivi. Il successo di quella novità così semplice fu istantaneo e virale. Facebook, consapevole della sua popolarità, sei anni dopo intervenne ad arricchire il «like» con alcune varianti: il cuoricino rosso simbolo dell'amore, le faccette stile emoticon per esprimere felicità o stupore, tristezza o indignazione. Fin qui siamo nel regno della superficialità e della velocità, tipiche di quest'epoca digitale: l'infinita varietà delle sensazioni umane viene ridotta a poche icone, caricature semplificate; le nostre relazioni sociali si rassegnano a essere codificate, semplificate, standardizzate. È il trionfo della banalità e del conformismo, ma a prima vista innocuo.

Mai fidarsi delle apparenze, nulla è gratis nel mondo progettato per noi dai Padroni della Rete. Il «like» non si usa solo nelle comunicazioni fra amici o pseudoamici di Fb, è anche quel che in gergo si chiama un «plug-in», letteralmente qualcosa che viene inserito e collegato come nella presa della corrente elettrica. È un segnale-icona che può essere piazzato su siti di altri, per esempio aziende che vendono i loro prodotti, esercizi commerciali, video e brani musicali in streaming. L'utente viene invitato a segnalare se quel sito, quel contenuto, quel prodotto gli piacciono. Il gradimento diventa di dominio pubblico, viene comunicato agli amici. E qui si dispiega tutta la potenza del «like». Nel momento in cui decido di cliccare sul pollice all'insù, sto diventando uno strumento di pubblicità attiva. Inoltre sto disseminando in rete delle notizie su quel che faccio, dove sono e come passo il mio tempo, cosa vorrei o potrei comprare. Pollicino nella fiaba di Perrault ritrova la strada di casa seminando lungo il cammino dei sassolini; nel social media sono altri a «tracciare» i nostri percorsi seguendo i pollicini che abbiamo sparso qua e là. Questa funzione nascosta del «like» – nascosta perché nessuno ti avverte di quel che sta per fare del tuo gradimento – lo ha fatto paragonare a un faro che illumina la Rete: a fini di spionaggio, s'intende (è lo stesso tipo d'illuminazione di cui hanno bisogno le videocamere di sicurezza per riprendere i movimenti umani).

In realtà, l'uso improprio della nostra approvazione risultò evidente molto presto; abbastanza da generare subito controversie. L'American Civil Liberties Union e altre associazioni per i diritti civili e le libertà individuali denunciarono già l'anno successivo (2010) ciò che l'introduzione del «like» comportava: una massiccia violazione della privacy, un saccheggio sistematico di notizie su di noi. A una lettera aperta che intimava di non sfruttare quei dati, Facebook rispose curiosamente con la promessa di renderli anonimi... ma solo dopo tre mesi dalla raccolta; cioè dopo averne fatto tutti gli usi possibili e immaginabili. Cioè dopo aver venduto al miglior offerente ogni indizio ricavato dalla nostra vita quotidiana sui social, e non solo su quelli. Intervennero diversi governi con indagini sui «pericoli del pollice»: Canada, Germania, Belgio. Il tribunale di Bruxelles condannò Facebook per violazione della privacy e intimò la distruzione dei dati acquisiti illegalmente, prevedendo una multa di 250.000 euro per ogni giorno di ritardo nell'adempimento della sentenza. (Come sempre, le sanzioni pecuniarie inflitte ai colossi della Rete colpiscono per la microscopica irrilevanza.)

A sottolineare la potenzialità del pulsante «like»: come ogni cosa che vale è subito stato contraffatto, manipolato. Dal momento che quei cenni di approvazione da parte nostra sono altrettanti segnali di successo di un prodotto, di una marca, di uno spettacolo, di una località turistica, il passo successivo è ovvio: i pollici hanno un valore commerciale, i falsari si arricchiscono fabbricandoli. Sono proliferate società che generano degli «account» (indirizzi) su Facebook, intestati a persone fittizie, e da questi generano «like» che mettono in vendita. E le aziende, i prodotti che vogliono costruirsi una reputazione, o le aspiranti celebrity in cerca di notorietà, li comprano. Un'indagine compiuta nel 2015 aveva stimato in 170 milioni il numero di false identità su Fb, dalle quali si possono creare immensi volumi di traffico: amicizie mercenarie, in vendita ogni giorno.

Il decennale dell'invenzione del «like» non è stato celebrato, però, dal principale responsabile di quella creazione. Justin Rosenstein, il trentacinquenne genio delle tecnologie che lavorava al servizio di Zuckerberg quando ebbe l'intuizione, è entrato nei ranghi dei «pentiti» della Silicon Valley. Un esercito che si allarga di anno in anno, e coinvolge top manager di alto livello. Non a caso fanno fortuna a San Francisco e dintorni le scuole private all'antica, dove i figli dei milionari di Internet vengono educati a un severo regime di astinenza, con smartphone e tablet messi al bando. Rosenstein non è un pentito qualunque. È un teorico del pentitismo. È uno che ci aiuta a scrutare dentro i meccanismi dell'invenzione diabolica, ci spiega perché è davvero pericolosa. Il «like», ha più volte raccontato il suo inventore, all'inizio è una droga leggera, ti regala delle microsensazioni di piacere perché col minimo sforzo e la minima concentrazione dissemini pezzetti di emozioni positive. E chi riceve questi segnali ne ha la gratificazione che deriva da ogni consenso sociale, da ogni gesto di approvazione altrui. Tutto ciò crea dipendenza, è parte di quel mercato della nostra attenzione le cui conseguenze di lungo termine stentiamo a valutare.

Certo, questo è solo l'ultimo capitolo di una storia antica di manipolazione delle nostre coscienze da parte dei mezzi di comunicazione di massa. Gli anni Cinquanta e Sessanta già videro un'avanzata di nuove tecniche pubblicitarie, talvolta subliminali, raccontate allora da osservatori acuti come Vance Packard (*I persuasori occulti*, 1957). Dal marketing dei beni di consumo al marketing della politica, gli americani per primi cominciarono a «vendere un presidente» agli elettori, con le stesse tecniche con cui Big Tobacco li rendeva schiavi delle sigarette. Però, col senno di poi la televisione era un mezzo rudimentale in confronto a Internet e ai social media. La tv era un elettrodomestico docile, in fondo: se la spegnevi, se ne stava zitta e buona in un angolo del tinello. L'apparecchio non ti urlava dietro per attirare la tua attenzione come fa lo smartphone con una panoplia di bip, avvisi luminosi, allarmi e notifiche. Il modo in cui i social media ci hanno schiavizzati, è stato ben illustrato dallo psichiatra Paolo Crepet in *Baciami senza rete* (Mondadori, 2016): quando le nostre nonne si videro installare in casa il primo citofono, ne apprezzarono l'utilità, impararono a controllare chi suonava e a non aprire agli sconosciuti; ma non passavano le loro giornate con lo sguardo incollato al citofono nell'attesa che qualcuno suonasse.

Di sicuro oggi c'è un calo generalizzato e costante della nostra capacità di concentrazione, astrazione, riflessione, approfondimento. Alcuni prevedono che stia per tradursi in un abbassamento collettivo del quoziente di intelligenza. E tutto questo nasce con progressivi slittamenti, innovazioni all'apparenza benigne e benevole come il pollice alzato, che aggirano le nostre resistenze. Che ci sia una dipendenza paragonabile a quella delle droghe, lo provano i dati rilevati su un campione significativo di persone, che consultano o sfiorano il proprio smartphone 2617 volte al giorno. O l'evidente ossessione che viene innescata dal meccanismo «pull-to-refresh», con cui sfioriamo lo schermo per aggiornare le informazioni, verificare se ci siano nuove email, eccetera. La pista delle tossicodipendenze digitali ha consistenza. Insieme con l'ipotesi che da queste dipendenze di massa possa venire un regresso della specie. Ribadisco e insisto: esistono casi di intere civiltà condannate al declino per colpa di consumi e costumi patogeni. Nel periodo delle guerre dell'oppio, a metà Ottocento, una civiltà con tremila anni di storia come quella cinese subì un depauperamento antropologico, oltre che uno spaventoso declino economico, sociale, politico e culturale. Il segno politico di questa involuzione non può essere ignorato. Una sinistra italiana che fu quella di Antonio Gramsci e Pier Paolo Pasolini, di Italo Calvino e di Norberto Bobbio, oggi pullula di pseudoleader che si vantano di non leggere libri, e si credono «moderni» perché passano il loro tempo su Facebook e Twitter. A quel gioco hanno già stravinto Trump e Salvini.

Un esempio di come le sinistre occidentali siano cadute nella trappola dei social media con più ingenuità di altri si ebbe con gli eventi del 2010 e 2011. Il mondo liberal ha osannato le Primavere arabe come «figlie di Twitter e Facebook», senza capire che le tecnologie sono al servizio di tutti: i regimi autoritari sono stati veloci ad aggiornarsi, assoldando talenti tecnologici al servizio della repressione. Nello stesso periodo c'è stato il ciclone WikiLeaks e il gigantesco equivoco su Julian Assange.

Un benefattore dell'umanità, un combattente per le nostre libertà, magari anche l'inventore di un «nuovo giornalismo»? Così è stato descritto da molti media progressisti, che si sono messi al suo servizio pubblicando senza spirito critico gli tsunami di «rivelazioni» di WikiLeaks, come da Tangentopoli in poi si pubblicano gli «scoop» delle procure. Il mito di Assange è crollato in seguito, soprattutto grazie al Russiagate, l'indagine sull'ingerenza di Mosca per sabotare la campagna elettorale di Hillary Clinton. Secondo l'inchiesta, prima delle presidenziali Trump junior e altri strettissimi collaboratori del candidato repubblicano contattano direttamente WikiLeaks perché aiuti il tycoon newyorchese pubblicando segreti infamanti su Hillary e sul Partito democratico. Il fango arriva puntuale, la fonte sono gli hacker del governo russo. Donald junior «ispira» il babbo, che in un tweet fa esplicita pubblicità... ad Assange: «I media disonesti» tuona il candidato repubblicano «non stanno divulgando le rivelazioni di WikiLeaks». Ma che il confine tra Assange e Putin fosse labile, Trump senior sembrava averlo intuito già da tempo. Il 27 luglio 2016 in una conferenza stampa in Florida – in contemporanea con la convention democratica di Filadelfia – il candidato repubblicano lancia davanti alle telecamere questo appello inaudito: «Russia, se stai ascoltando, spero che riuscirai a trovare le 30.000 email di Hillary che sono sparite». I media non riescono a credere che un candidato alla Casa Bianca chiami in aiuto il nemico storico dell'America in modo così sfacciato. Pochi si stupiranno, invece, quando a esaudire il desiderio di Trump sarà WikiLeaks, ormai il fattorino abituale delle consegne in arrivo da Mosca.

Torniamo indietro di sette anni. Novembre 2010: le rivelazioni di WikiLeaks scuotono il mondo. Italia inclusa. La fonte, la «gola profonda» Chelsea Manning, è un militare americano che passa ad Assange – fra le altre cose – 250.000 comunicazioni top secret («cable» o dispacci diplomatici) fra le ambasciate Usa del mondo intero e il Dipartimento di Stato a Washington. Il botto italiano lo fanno i giudizi segreti dell'ambasciata di via Veneto sulla «torbida connection» (definizione della diplomazia Usa) tra Berlusconi e Putin. L'allora presidente del Consiglio in un dispaccio dell'ambasciatore Ronald Spogli, repubblicano, è sospettato di avere «rapporti di guadagno personale», e di essersi trasformato in un «portavoce di Putin», cioè del capo di una «nazione mafiosa», come viene descritta dagli americani. Ma la vicenda italiana è poca cosa in confronto a quel che riguarda altre parti del mondo. Per esempio il Nordafrica: le missive della diplomazia Usa svelano informazioni dettagliate sulla corruzione di alcuni autocrati. È una delle scintille che accendono le rivolte in Tunisia, in Egitto, l'origine delle Primavere arabe.

È il momento della massima popolarità di Assange. L'informatico australiano, fondatore di WikiLeaks nel 2006, viene osannato da tutto il mondo progressista come un eroe della trasparenza, un combattente per i diritti umani. Quando viene arrestato dalla polizia inglese il 7 dicembre 2010 e detenuto per dieci giorni, tra le celebrity che raccolgono fondi per pagargli la cauzione c'è il regista Michael Moore. Parte una campagna sui social media, capeggiata dagli attivisti di Anonymous, per farlo nominare uomo dell'anno con foto di copertina su «Time». Un segnale sospetto arriva però nel 2013, quando l'altra «gola profonda», Edward Snowden, per sfuggire agli inquirenti americani trova rifugio a Hong Kong, sotto la protezione del governo cinese. Mentre è lì, Assange gli consiglia di trasferirsi in Russia (dove si trova tuttora). A lanciare un allarme nel 2013, in un'intervista alla «Repubblica», è il precursore di Assange e Snowden, l'ottantenne John Young. Un decennio prima aveva creato Cryptome, gigantesco deposito di 70.000 documenti riservati, forniti da «gole profonde» e messi a disposizione del pubblico. Plurindagato dall'Fbi, ma contrario a trasformarsi in un martire e in una star, Young quattro anni fa mi dice: «La trasformazione [di Assange] in celebrity, è manipolazione e controllo». Su Snowden rifugiato in Russia: «Ambizioso, ingenuo, strumentalizzato, una marionetta». A quell'epoca comincia ad avere dei ripensamenti anche Bill Keller, direttore del «New York Times» quando il quotidiano decise di ospitare le rivelazioni di WikiLeaks. Intervistato dalla «Repubblica», Keller disse: «La pressione per pubblicare la notizia subito, la concorrenza 24 ore su 24, può far commettere errori».

La penultima puntata va in scena nell'estate del 2016, la fragorosa divulgazione di email segrete rubate dai database del Partito democratico americano. Denunciata, forse troppo tardi, da Barack Obama. L'intelligence Usa raccoglie prove che puntano in una direzione: il materiale che WikiLeaks fa circolare, lo hanno rubato i russi. Un mese prima del voto, il «New York Times» mette insieme un dossier di accuse che stavolta ha nel mirino il «mito» Assange. Gli rinfaccia di essere un divulgatore di segreti a senso unico. Mai nulla che possa disturbare la Russia, la Cina... o Donald Trump. Assange si difende blandamente, spiegando di non avere mai ottenuto segreti degni di qualche interesse sulla Russia o sulla Cina o su Trump. In effetti WikiLeaks ha pubblicato tante notizie su stragi americane in Iraq, nulla sui bombardamenti russi in Siria. E per sapere qualcosa sulle immense ricchezze del clan di Xi Jinping bisogna leggere i reportage di Bloomberg, del «Wall Street Journal» e del «New York Times», che verranno castigati duramente dalla censura cinese. Assange su questo fronte non produce. Pur senza ammettere nulla sulla provenienza delle email rubate, dichiara: «Anche se la fonte dei segreti fossero i servizi russi, li pubblicherei». I cori che inneggiavano all'eroe della trasparenza Julian Assange si sono ammutoliti. Troppo tardi. Anche in questo caso, il danno ormai è fatto. Sempre in nome di una presunta modernità, affascinata dalla sofisticata cultura tecnologica che WikiLeaks condivide con hacker e cyberpirati, la sinistra è caduta anche in questa trappola.

Il «modello Casaleggio», la tirannide della Rete, non nasce nel vuoto. Chi ha seminato vento raccoglie tempesta.

VIII
Ambientalisti con la Tesla da centomila euro

La genesi dei gilet gialli francesi è la stessa dello shock politico che si verificò due anni fa nella più grande liberaldemocrazia occidentale. La contestazione di Emmanuel Macron da parte della piazza è l'ultimo episodio di una vicenda mondiale, c'è un nesso che la lega alla vittoria di Donald Trump. Sullo sfondo sta la difficoltà di praticare un ambientalismo che sia «socialmente» sostenibile.

Lo capì Trump quando decise di diventare negazionista riguardo al cambiamento climatico, tema sul quale non solo è ignorante ma sostanzialmente agnostico. Il suo messaggio in favore delle energie fossili catturò voti decisivi nel novembre 2016. Senza i minatori e i siderurgici delle Coal Country (regioni carbonifere) in West Virginia, Pennsylvania e Ohio, non sarebbe alla Casa Bianca. A quei dinosauri umani, relitti di un'altra era industriale, Hillary Clinton non seppe proporre che un futuro da disoccupati. Avendo visitato quei luoghi, incontrato e intervistato quegli elettori, so che non si fanno illusioni su quanto potrà durare l'uso del carbone. A loro basta che duri fino all'età pensionabile; che gli sia consentito di pagare le ultime rate del mutuo, le ultime rette universitarie dei figli. Un presidente che offre qualche anno di proroga alla morte annunciata è quello che gli serve. Chi gli parla di Green Economy in termini astratti, fingendo che l'Ohio sia la California, che un minatore cinquantacinquenne si possa riconvertire con la bacchetta magica in un ingegnere di software, un inventore di app, un creatore di start-up, appartiene a una sinistra salottiera che con quei ceti ha smesso di comunicare. Come Hillary.

I gilet gialli francesi non sono minatori né siderurgici, perlomeno non la maggioranza. Col passare dei mesi i loro cortei hanno perso una parte del seguito iniziale. Via via che diventavano più minoritari, prevalevano le frange violente, gli atti di intolleranza, persino gli episodi di antisemitismo. Però quella protesta nacque all'origine contro una carbon tax, tassa ecologica sui carburanti, che incideva pesantemente sui costi del loro pendolarismo e sui loro bilanci familiari. Il loro slogan contro Macron – «tu parli della fine del mondo, noi dobbiamo arrivare alla fine del mese» – rivela l'ansia di un elettorato impoverito. Che spesso finisce col votare a destra, in America e in Europa. Cercare spiegazioni di questo spostamento elettorale invocando il grande vecchio di turno – il più gettonato al momento è Steve Bannon, ex capostratega di Trump – evita di fare i conti con le responsabilità vere, coi problemi a cui non si è trovata una risposta.

Mentre Trump recluta nuovi alleati negazionisti in numero crescente (dalla Russia all'Australia al Brasile), bisogna ricordare che né Cina né India hanno mai accettato di sacrificare la loro crescita economica per ridurre le emissioni carboniche: prima viene il consenso, perfino per un autocrate come Xi Jinping. Nazionalpopulista *ante litteram*, sovranista senza pudore, il presidente cinese lo è da tempi non sospetti, assai prima che questi termini entrassero nel gergo politico occidentale. Applaudire l'impegno di Pechino sugli accordi di Parigi del 2015 è possibile solo se si ignora la «clausola cinese»: quell'economia, che genera il massimo volume di CO_2 del pianeta, continuerà ad aumentare le emissioni fino al 2030, anno in cui si è impegnata a «stabilizzarle». Rifiutando comunque controlli esterni sul rispetto di quell'impegno.

Rinunciare alla lotta contro il cambiamento climatico sarebbe un suicidio: per il futuro dei nostri figli, per l'abitabilità del pianeta, per i nostri valori. Però le sinistre devono ancora trovare un'idea convincente di sostenibilità sociale, che parli a chi deve arrivare alla fine del mese. Che questa risposta non l'abbia trovata Macron non può stupirci. L'unica cosa su cui non cede, la riforma che più di ogni altra lo qualifica, è quella denunciata da tempo dallo studioso delle diseguaglianze Thomas Piketty: l'abolizione della patrimoniale sulle grandi ricchezze della finanza, il mondo della Banque Rothschild da cui proviene Macron. Ai gilet gialli il suo ambientalismo suona ipocrita. È lo stesso dei milionari californiani che sfrecciano lungo la Highway One sulle loro Tesla elettriche da oltre centomila euro.

Il tema comune è la crisi di consenso dell'ambientalismo, entrato in rotta di collisione con varie correnti del populismo-sovranismo.

Un fiasco sul clima «travestito» da mezzo successo dal gergo diplomatico e dalle acrobazie sui comunicati: questo è un bilancio realistico del summit sull'ambiente tenuto in Polonia nel dicembre 2018. Trump c'entra solo in parte. Vi ha contribuito la latitanza dell'Unione europea. A dirlo chiaro è un osservatore indipendente, l'indiano Harjeet Singh della ong Action Aid: «Il ruolo dell'Ue è stato molto deludente. Era una conferenza climatica sul suo territorio, perché non si è presa le sue responsabilità?». Il giudizio sulla disunione europea è inevitabile. Macron, che a suo tempo si fregiò del titolo di «campione della lotta al cambiamento climatico» assegnatogli dall'Onu, ha disertato il summit avendo appena rinunciato alla sua carbon tax su pressione dei gilet gialli. La Germania, malgrado l'avanzata elettorale dei suoi Verdi, è altrettanto inadempiente: la sua transizione dal carbone procede a rilento e molte centrali elettriche tedesche continuano a essere superinquinanti; per non parlare dello scandalo Dieselgate che ha macchiato il suo «campione nazionale» Volkswagen, protagonista di una truffa criminale sulle emissioni.

Eppure l'Unione europea ha un'opportunità unica di riempire il vuoto di leadership lasciato da altri. Malgrado le sue contraddizioni e i suoi ritardi nel rispettare gli impegni, è l'unico blocco economico che ha visto scendere le sue emissioni di CO_2, mentre continuavano a crescere quelle americane e ancor più quelle cinesi e indiane. Indecisa su tutto, l'Europa non osa neppure valorizzare i suoi successi, quando ci sono. Ha una stazza economica superiore agli altri due big, America e Cina. Ha un modello di consumi meno energivoro di quello americano. Dipendendo da risorse energetiche esterne, è un interlocutore chiave per i paesi fornitori.

Il saldo netto del summit di fine 2018 a Katowice – simbolicamente ospitato in una regione carbonifera della Polonia – è che il pianeta continuerà la sua marcia verso una traiettoria di riscaldamento di +3,5 gradi per la fine del secolo, contro quel limite di +1,5 gradi considerato tassativo per limitare i danni. Il rapporto allarmante della comunità scientifica (Ipcc) consegnato al vertice «non ha ricevuto nessuna risposta», secondo la direttrice di Greenpeace International, Jennifer Morgan. Certo è scattato il sabotaggio di un'alleanza fossile che ormai si allarga fino ad abbracciare Usa, Russia, Arabia, Brasile, Kuwait e Australia. Però dagli Stati europei non è venuto quel bilanciamento che ci si poteva aspettare. L'idea che la protezione dell'ambiente penalizzi la crescita e impoverisca i più poveri è ritornata. E si è imposta perché troppo spesso gli slogan sulla Green Economy non hanno incluso soluzioni concrete e immediate per le vittime dell'abbandono delle energie fossili. L'aumento delle diseguaglianze sociali ha fatto il resto.

Dalla sua elezione Trump ha moltiplicato gli interventi a favore di un ritorno al passato, a uno sviluppo insostenibile. La sua deregulation ambientale ha già smantellato gran parte delle riforme di Obama: ha ridimensionato i nuovi limiti federali sulle emissioni carboniche di auto, camion, centrali elettriche; ha autorizzato l'oleodotto Keystone XL; ha liberalizzato l'estrazione di energie fossili dai terreni di proprietà federale. La sua decisione di uscire dagli accordi di Parigi è solo simbolica (in realtà non può accadere prima del 2020, anno della prossima elezione presidenziale); tutto il resto, invece, sono fatti. Il boom dell'estrazione di shale gas, il metano estratto da argille, ha contribuito alla crescita economica americana, nonché a una svolta geostrategica di portata mondiale: come abbiamo già visto, per la prima volta dal 1975 gli Stati Uniti tornano a essere esportatori di energia, non importatori.

Altrettanto importante, però, è quel che accade nell'«altra America». La California ha deciso di rimanere vincolata agli accordi di Parigi. Ha approvato una legge che impone di raggiungere il 100 per cento di elettricità generata da fonti rinnovabili entro il 2045; ha imposto l'obbligo di convertire il metano; ha messo limiti su auto e camion ancora più severi rispetto a Obama. Tutto ciò che fa la California ha conseguenze rilevanti. E non solo perché è uno Stato con 40 milioni di abitanti, un Pil superiore a Francia e Gran Bretagna, e dagli anni Settanta ha la prerogativa istituzionale di poter legiferare sull'ambiente scavalcando le norme federali. Una dozzina di altri Stati americani (tra cui New York) ha agganciato le proprie leggi sull'ambiente a quelle californiane. Risultato: circa metà della popolazione degli Stati Uniti risiede «dentro gli accordi di Parigi», cioè in Stati che seguendo la California continuano ad applicarli.

La vicenda della Tav è un altro «pasticciaccio» che svela le contraddizioni dei campioni dell'ambientalismo stile New Age. All'inizio del 2019 il nuovo governatore della California, il democratico Gavin Newsom, nel suo primo discorso sullo Stato dello Stato (l'equivalente locale dello Stato dell'Unione) fece un annuncio clamoroso. Stop ai cantieri della ferrovia veloce San Francisco - Los Angeles per le due tratte finali, le più significative, cioè quelle che dovevano collegare le due maggiori metropoli della West Coast. I cantieri dell'alta velocità vengono ridimensionati di colpo: proseguono i lavori solo tra Bakersfield e Merce, due città di medie dimensioni nella Central Valley. È la montagna che partorisce il topolino? Da vent'anni la California tenta di progettare-finanziare-costruire una linea ferroviaria ad alta velocità che colleghi San Francisco e Los Angeles. La distanza è di 613 chilometri, simile a quella tra Milano e Roma, quindi l'ideale per un treno veloce. La ferrovia attuale è disastrosa, non esiste neppure un vero servizio diretto, ci vogliono dalle 10 alle 12 ore per completare il viaggio, via Oakland. Ma i costi del progetto Tav da anni continuano a lievitare, i cantieri (molto limitati) procedono a rilento accumulando ritardi. E pur non essendoci un movimento esplicitamente no-Tav, le resistenze localistiche e verdi-Nimby (cioè «Not In My Backyard»: costruite pure le infrastrutture ma non nel cortile di casa mia) hanno provocato problemi a non finire. Al punto che il neogovernatore, democratico come il suo predecessore, ha deciso di accantonare diverse tratte, le più significative del tracciato. Proprio le due finali che dovrebbero portare a San Francisco e Los Angeles. (Puntuale è arrivata la vendetta di Trump. Il quale non è né pro- né anti-Tav, ma felice di poter dimostrare che l'odiata California è governata malissimo, butta i soldi del contribuente dalla finestra: ha cancellato 929 milioni di dollari di contributo federale e ha chiesto ai legali del governo federale di ottenere il rimborso di altri 2,5 miliardi di dollari, già versati per la fantomatica Tav della California.)

Il modello californiano mi viene in mente quando osservo l'emergere dei Verdi come «la nuova sinistra» in Germania. È un fenomeno evidente negli ultimi anni, quando a ogni regresso del Partito socialdemocratico (Spd) ha corrisposto un'avanzata di quello ecologista. Una forza storica come la socialdemocrazia tedesca – che risale alle origini del movimento operaio e della sinistra europea, affonda le sue radici sociali e ideali nell'epoca di Karl Marx, e ha dato all'Europa statisti dell'importanza di Willy Brandt e Helmut Schmidt – sta assottigliandosi al punto da rischiare l'estinzione. Evento inaudito, che sarebbe stato inverosimile ancora pochi anni fa. Le classi meno abbienti anche in Germania si spostano a destra. Le «nuove professioni», invece, si spostano verso i Verdi.

In America, soprattutto sulla West Coast, tutto ciò era cominciato molto prima. Ma il cambiamento era avvenuto all'interno di un solo partito, quello democratico, per sua natura «onnivoro» e capace di contenere molte anime diverse (il sistema elettorale americano penalizza le formazioni esterne al bipartitismo; tuttavia, un'infima defezione di voti di sinistra verso il micropartito dei Verdi bastò a far perdere la Casa Bianca ai democratici nel 2000 e nel 2016. Senza quel piccolo voto di protesta ambientalista avremmo avuto Al Gore e Hillary Clinton presidenti).

La mutazione genetica del Partito democratico californiano – che segnò il percorso postmoderno per i progressisti – mosse i suoi primi passi negli anni Settanta. Ambientalismo, femminismo, diritti dei gay, società multietnica furono i quattro pilastri per la rifondazione della piattaforma democratica. Tuttora la California si distingue così: i suoi governatori Jerry Brown e Gavin Newsom l'hanno descritta come un baluardo della lotta al cambiamento climatico; la senatrice Kamala Harris è un'icona dell'America multietnica.

Il problema che si pone – ancor più acutamente in altre parti degli Stati Uniti e in Europa – è questo: si può «regalare» per sempre la classe operaia alla destra?

L'emergere dei Verdi come la nuova sinistra, dalla California alla Germania, è anche uno spostamento di rappresentanza verso fasce sociali ad alta istruzione, ceti che sono riusciti a difendere meglio il proprio status. Quel tipo di cultura liberal non fa presa sui lavoratori delle fasce mediobasse, che oggi sono diventati la base del trumpismo e delle destre europee. Ma anche questa è una storia che non sboccia all'improvviso: i primi «smottamenti» tra i colletti blu si verificarono a favore di Ronald Reagan negli anni Ottanta. Dietro il modello della West Coast o l'utopia californiana ci sono delle ambiguità enormi, dei miti da sfatare. Primo: il mito che l'economia digitale sia poco inquinante. È una falsa impressione, poiché essa si limita a spostare altrove le sue produzioni sporche, ma non le elimina affatto; genera altri consumi carbonici (i furgoni delle consegne Amazon); saccheggia la natura di minerali rari per fabbricare le auto elettriche, eccetera. Secondo: il mito che la California abbia inventato un modello di sviluppo capace di creare solo posti di lavoro qualificati e ben pagati. Falso: l'economia digitale è generosa per gli ingegneri, gli informatici, chi fa ricerca nelle università; ma crea anche tanti lavori umili che intrappolano nella povertà (vigilantes a guardia degli stabilimenti, personale delle pulizie, fattorini, giardinieri, per non parlare della manovalanza agricola quasi sempre straniera; inoltre il costo della vita che lievita nella Silicon Valley sospinge verso i ranghi dei nuovi poveri perfino professionisti qualificati come gli insegnanti). Le leggende progressiste s'infrangono di fronte al fatto che la California ha visto dilatarsi a dismisura le diseguaglianze sociali al proprio interno; eserciti di homeless sono ormai parte del paesaggio urbano a San Francisco e a Los Angeles. Eppure, la West Coast rimane a tutti gli effetti una delle zone del pianeta a più alta sensibilità ambientalista.

Qualcosa non funziona, se quel tipo di difesa dell'ambiente è completamente sganciata dalla protezione dei lavoratori poveri. Il futuro della sinistra deve ripartire da qui: dall'urgenza di ristabilire con la base un legame forte, reale e non retorico, credibile e praticabile. Uno spostamento socialmente sostenibile verso modelli di sviluppo meno distruttivi deve dire all'operaio siderurgico e al minatore di carbone, all'autista di camion e di Uber, al metalmeccanico dell'industria automobilistica e al tecnico della piattaforma petrolifera come pagheranno la rata del mutuo il mese prossimo.

È una prova che potete fare insieme a me. Andate sul motore di ricerca online di vostra preferenza e inserite questa domanda, in inglese: «What are companies doing to help the environment?», cosa fanno le imprese per aiutare l'ambiente? In pochi secondi appariranno quasi due milioni di risultati che non avrete difficoltà a decifrare. Spesso si tratta di classifiche, elenchi di multinazionali per ciascuna delle quali compaiono le azioni meritevoli a favore di uno sviluppo sostenibile (riduzione di emissioni carboniche, risparmio energetico, riciclaggio di rifiuti a impatto zero e così via). Alcune fonti sono giornali, riviste, siti di reti televisive. I titoli sono accattivanti, del tipo *Le dieci aziende impegnate a salvare il pianeta*. Una lettura dei contenuti, però, vi deluderà. Non ci vuole un occhio particolarmente esperto, né una mentalità esageratamente sospettosa e ipercritica, per capire che dietro quei testi ci sono potenti uffici stampa o grandi agenzie di relazioni pubbliche che hanno nutrito le redazioni dei giornali e delle Tv con le gesta meravigliose dei loro clienti.

Ho appreso di recente da mia figlia Costanza, insegnante di scienze ambientali all'Università San Jose nella Silicon Valley, che nei testi scientifici esiste ormai un nome preciso per questo fenomeno. Si chiama «greenwashing». Le aziende, soprattutto se molto grandi e quindi in grado di spendere per ripulire la propria immagine, fanno «greenwashing», cioè si danno una bella mano di colore verde. Se dietro quest'operazione a uso e consumo dell'opinione pubblica ci sia anche della sostanza, bisogna andare a verificarlo caso per caso. Sono tanti gli imprenditori e i top manager che hanno imparato a praticare il «greenwashing». Soprattutto quelli che sanno di avere di fronte a sé – come clienti, azionisti o dipendenti – degli interlocutori sensibili all'ambientalismo. Per le strade di New York i camion della nettezza urbana – che appartengono a società private ma lavorano per un committente pubblico, il Comune – hanno tutti dei nomi ultraverdi, che evocano inquinamento zero, ma ogni volta che l'autista preme sull'acceleratore quei mezzi mandano getti di fumo nerastro. Costa meno darsi un marchio aziendale poetico, che investire in camion elettrici.

E tuttavia non abbiamo alternative, dobbiamo affidarci alla nostra vigilanza per distinguere tra le imprese che fanno solo una «verniciatura verde» della propria immagine riservando gli investimenti in sostenibilità alle società di relazioni pubbliche, e quelle che fanno sul serio. E ce ne sono, di imprese che continuano a investire in azioni di responsabilità sociale a lungo termine. Sono le più previdenti, oltre che le più etiche; sono quelle che sanno guardare oltre una stagione politica e un calendario elettorale.

L'America di oggi è diventata, a livello normativo, vergognosamente permissiva con chi ci precipita verso la catastrofe ambientale. Limiti e divieti sono stati allentati, lo slogan del momento è deregulation ambientale. E tuttavia solo una parte delle industrie americane sta godendosi la libertà di inquinare. Altre fanno calcoli razionali di mediolungo termine; sanno che i presidenti non sono eterni; sono attente al giudizio dell'opinione pubblica oltre che dei governanti. Un compito della sinistra è tornare a fare un lavoro di controllo e vigilanza, riscoprire la potenza dell'azione collettiva dei consumatori o dei piccoli azionisti, staccarsi dall'abbraccio con i chief executive e l'ambientalismo chic dei miliardari di Davos.

Life Without Plastic è un esempio fra tanti di quei movimenti scaturiti dalla società civile per cambiare – un gesto alla volta – le abitudini distruttive del nostro consumismo. Lo shock dei video che ci descrivono le gigantesche «isole di rifiuti» in viaggio negli oceani, le immagini di delfini o uccelli soffocati dai sacchetti della spesa, i 300 milioni di tonnellate di plastica che rovesciamo ogni anno nelle discariche o nei fiumi: l'allarme sta provocando una rivolta dal basso. Dalla East Coast alla California si moltiplicano le città americane che hanno messo fuori legge i sacchetti di plastica nei supermercati; ma questo è solo un inizio ed è troppo poco. La plastica è ancora ubiqua, onnipresente nella vita quotidiana del consumatore. Finché non si ribella. E finché produttori industriali e grande distribuzione non capiscono che il nuovo trend valoriale può diventare un business. Tra i pionieri ci fu il negozio canadese (di Wakefield, Québec) che già tredici anni fa volle battezzarsi Life Without Plastic. Oppure, in Italia, la campagna vincente dell'associazione Marevivo per la messa al bando delle microplastiche che uccidono i mari.

Ora la tendenza sta diventando di massa, come sostiene la reporter di San Francisco Susan Freinkel, autrice di *Plastic, a Toxic Love Story*. Ne ho prove ravvicinate: mia figlia Costanza, californiana, non esce mai di casa senza la sua bottiglia di metallo in cui si fa versare il cappuccino o l'acqua minerale, perché a Santa Cruz e su tutta la West Coast farsi vedere in giro con una bottiglia di plastica è peggio che fumare una Marlboro in pubblico. A New York abbiamo negozi specializzati per «plasticofobi»: oltre alle bottiglie riutilizzabili in silicone, a Brooklyn vendono perfino i raccoglitori di feci canine in carta. Tra le grandi aziende alcune tornano all'antico con le bottiglie di vetro riciclabili per bibite gassate e succhi di frutta; perfino per gli shampoo e detergenti spuntano i contenitori in vetro che possono essere riempiti nuovamente dal rivenditore quando il prodotto è finito. Arruolare la cooperazione della grande industria in questo campo è indispensabile, vista la diffusione spaventosa che negli ultimi cinquant'anni ha portato la plastica ad avvolgere tutto ciò che compriamo, maneggiamo e poi buttiamo.

Il movimento antiplastica suggerisce le nuove regole di vita a cui possiamo abituarci. La prima è già popolare, si tratta di prendersi sempre la propria borsa riusabile prima di uscire per fare la spesa. Lo stesso accorgimento si può adottare anche in viaggio. La seconda non è difficile: per frutta, verdura e altri prodotti freschi, privilegiare i mercatini rionali («farmers' markets» nella versione americana) oppure i reparti dei supermercati dove ortaggi e insalate sono sfusi, in modo da evitare le confezioni in busta. Poi c'è la conversione al mercato dell'usato: nei casi in cui la plastica sia tuttora ineliminabile, comprando di seconda mano si evita la proliferazione. Anche nell'abbigliamento si possono fare scelte drastiche: solo tessuti naturali, cotone, lana, lino; basta con le fibre sintetiche. È un ritorno all'antico non riservato ai benestanti con Tesla nel garage. Con un po' di coraggio, di fantasia e spirito di osservazione, attorno a noi possiamo scovare tante plastiche di cui fare a meno. Per sempre. La sfida consiste nel rieducarsi, e non dare più per scontati certi gesti automatici della spesa quotidiana. Se condotta con intelligenza, può aiutare perfino a spendere di meno.

Dopo Big Tobacco e Big Pharma è in arrivo Big Marijuana. Le «Marlboro verdi» saranno presto realtà? Per alcuni è un sogno, per altri un incubo, ma «loro» fiutano un business che viene ormai stimato in 30 miliardi di dollari di fatturato annuo, a regime. «Loro» sono le multinazionali che per decenni si sono specializzate su «altri» vizi umani come le sigarette e l'alcol. La liberalizzazione del consumo di marijuana a scopi non più solo terapeutici ma anche ricreativi è ormai una realtà in tutto il Canada e in diversi Stati americani. Quello che era stato un mercato dapprima illegale, poi di nicchia e molto artigianale, in breve tempo ha assunto vaste dimensioni. Già nel 2017 valeva 8 miliardi di dollari in Nordamerica, quando le legalizzazioni erano ancora parziali o recenti. Altria Group (ex Philip Morris), multinazionale del tabacco con marchi come Marlboro, ma presente anche sul mercato di alimenti e bibite, ha acquistato per 1,8 miliardi di dollari la metà del capitale di Cronos Group, produttore di marijuana con sede a Toronto. Constellation Brand, multinazionale degli alcolici che spazia dalle birre Corona e Modelo ai vini Ruffino e Mondavi, al bourbon e alla vodka, ha investito 4 miliardi di dollari per avere la maggioranza di Canopy Group, altra azienda canadese della marijuana. La Molson Coors della birra omonima ha creato una joint venture con un terzo gruppo, del Québec, che commercializza cannabis.

Oltre a confermare il boom di un nuovo mercato, l'arrivo di attori dalle spalle così robuste e con esperienza antica potrebbe comportare conseguenze a cascata. Dall'organizzazione delle reti di vendita al marketing, alla pubblicità: vedremo spot televisivi che vantano i benefici dello spinello? Le fiancate degli autobus newyorchesi e le pareti del metrò saranno tappezzate da inviti a fumare? Non siamo ancora a questo punto, ma potremmo arrivarci un giorno. Il paradosso va al cuore di una contraddizione molto americana, ma che lambisce anche alcuni ambienti progressisti europei.

È il profumo più diffuso a Central Park, la zaffata di marijuana. Leggende metropolitane vogliono che la consegna a domicilio sia uno dei business degli autisti Uber. Sull'altra costa, poi, i californiani ti guardano come un rifiuto umano se osi fumare una sigaretta, ma lo spinello è benvoluto. Ci vuole coraggio, di questi tempi, per lanciare un appello contro la marijuana. È una crociata tutt'altro che politically correct, in controtendenza rispetto alle riforme varate dove governa la sinistra. Perciò colpisce che il suo paladino venga dal quotidiano liberal per antonomasia, il «New York Times». Alex Berenson sa di andare controcorrente sfidando sia l'opinione pubblica progressista sia interessi economici sempre più grandi. La sua tesi è semplice: la marijuana fa male e la liberalizzazione in atto è foriera di gravi danni. Il suo appello risuona proprio mentre New York si aggiunge alla lunga schiera di Stati americani che ne hanno legalizzato il consumo a scopi ricreativi. Sia pure riluttanti, anche il governatore Andrew Cuomo e il sindaco Bill de Blasio cedono alle pressioni che vengono dalla base e da

Big Tobacco. Il mercato è vasto, duecento milioni di americani già risiedono in Stati dove lo spinello ricreativo è legale. «Proprio mentre è diventato socialmente accettabile» scrive Berenson «epidemiologi e psichiatri concordano che i rischi sono più seri di quanto si creda.» A cominciare dall'assuefazione, superiore a quella che dà l'alcol: solo un bevitore su 15 consuma alcol quotidianamente, mentre un consumatore di marijuana su 5 non può fare a meno della dose quotidiana. E chiede dosaggi sempre più alti: il «mercato» oggi esige una marijuana col 20-25 per cento di Thc (delta-9-tetraidrocannabinolo, il componente chimico che contiene il principio psicoattivo), dieci volte più potente di quella che era in voga negli anni Settanta.

L'allarme di Berenson è una sintesi di studi clinici compiuti negli Stati Uniti e in Europa, che lui riassume nel saggio dal titolo *Tell Your Children: The Truth About Marijuana, Mental Illness, and Violence* (Ditelo ai vostri figli: la verità su marijuana, malattie mentali e violenza). Tra quelli citati, uno viene da Finlandia e Danimarca: rileva un aumento significativo delle psicosi dal 2000 in poi, in parallelo con l'aumento nel consumo di cannabis. Il luogo comune più diffuso tra i fautori della liberalizzazione, quasi un dogma, è il seguente: con la legalizzazione le forze dell'ordine possono finalmente occuparsi di veri criminali e reati violenti. Ma una ricerca condotta su un campione di 9000 adolescenti e pubblicata sul «Journal of Interpersonal Violence» dimostra che al consumo di marijuana è associato un raddoppio dei casi di violenza domestica negli Stati Uniti. Un'analoga indagine svolta su gruppi di automobilisti britannici e cinesi dà risultati simili per quanto riguarda l'aggressività al volante. Infine ci sono i primi dati sugli Stati americani pionieri nella legalizzazione, cioè Colorado, Washington, Alaska e Oregon: tutti registrano un aumento (superiore alla media nazionale) di omicidi e di aggressioni violente. Ma stabilire una stretta connessione col consumo di marijuana in questi casi non è possibile. Anche perché le ricerche sul tema non godono di alcun favore, in una fase in cui la vendita di cannabis a scopo ricreativo sta diventando un business su scala industriale, al tempo stesso redditizio e popolare. L'era del proibizionismo forse non tornerà mai più, com'è accaduto nel caso dell'alcol, ma non si è abolita per decreto la piaga dell'alcolismo, né le sofferenze enormi che provoca. Berenson è convinto che sia doveroso «dirlo ai nostri figli».

Perché includo la marijuana in un capitolo dedicato all'ambiente? Per ricordare quanto la sinistra sia imprevedibile e capricciosa nel suo rapporto con la verità scientifica. Deride – giustamente – i negazionisti del cambiamento climatico alla Trump. S'indigna – giustamente – quando dei ciarlatani screditano le vaccinazioni obbligatorie creando gravissimi pericoli per la nostra salute. A sua volta, però, una certa sinistra è disinvoltamente negazionista quando la scienza assolve gli organismi geneticamente modificati; oppure quando mette in guardia sull'assuefazione da marijuana. Non si può essere pro-scienza a giorni alterni, selezionando solo i verdetti che ci piacciono, ci confortano nelle nostre certezze. L'attrazione verso le fake news, la fascinazione per le teorie del complotto hanno storie antiche che non si possono far coincidere solo con l'avvento di Beppe Grillo (che peraltro, rivisto di recente nel documentario di Rai 2, quando era un comico puro faceva discorsi identici a un pezzo della sinistra italiana). Quella sinistra cospirazionista che si nutre delle teorie alla Noam Chomsky ha sempre coltivato un «pensiero magico», nemico di ogni razionalità. I popoli si diseducano anche così, una bugia alla volta, e alla fine i demagoghi e i predicatori del nuovo oscurantismo si trovano la strada spianata.

IX

Postilla: sul «compagno» Fukuyama

Devo stare attento alle «cattive frequentazioni»? Verrò accusato di avere dei compagni di strada ingombranti, imbarazzanti, compromettenti? Mentre stavo completando la correzione di bozze di questo libro, ho dovuto occuparmi dell'ultima opera di Francis Fukuyama e intervistarlo per «la Repubblica» (non era la prima volta). Mi sono trovato – orrore? – abbastanza in sintonia con alcune sue tesi. L'ammissione può costarmi cara, lo so. Questo studioso di scienze politiche, agli albori della sua carriera venne definito addirittura un «neoconservatore». Negli ultimi anni, per la verità, l'ho sempre sentito allinearsi con i democratici degli Stati Uniti. Ha preso le distanze senza la minima ambiguità da Donald Trump, lo ha attaccato come un leader pericoloso, ha dato il suo endorsement esplicito a Hillary Clinton all'elezione del 2016. Comunque sia, io preferisco giudicare le persone non dalle etichette che qualcuno gli ha appiccicato addosso, ma dalla sostanza di ciò che dicono. Ecco dunque una sintesi del mio colloquio più recente – febbraio 2019 – col «compagno» Fukuyama; oltre che un breve riepilogo delle puntate precedenti.

Questo professore, lo ricordo, ha il dono di scatenare le controversie. A tutt'oggi non si sono ancora placate le polemiche furibonde sul testo che lo rese celebre nel mondo intero – scritto ben trent'anni fa. È il saggio *La fine della storia e l'ultimo uomo*, la cui primissima stesura (sotto forma di un lungo articolo, prima di diventare libro) precedette di pochi mesi la caduta del Muro di Berlino nel 1989. Lo scrisse quando aveva appena 36 anni, dunque venne considerato una sorta di *enfant prodige*. Fukuyama vi teorizzò la prevalenza del modello occidentale, cioè capitalismo più liberaldemocrazia. Il crollo dell'Unione Sovietica, la conversione della Cina all'economia di mercato, il «momento unipolare» di egemonia americana, sembrarono dargli ragione. Temporaneamente. Oggi quel testo è citato perlopiù come un modello di profezia ottimistica e fallace, smentita clamorosamente dall'evoluzione successiva. Lo stesso Fukuyama ha pubblicato dopo di allora ampie e approfondite revisioni autocritiche, sulle quali l'ho spesso intervistato. Molti lo contestano anche a sproposito, senza averlo letto, fissandosi sul solo titolo e quindi sulla semplificazione estrema della sua tesi. È il prezzo del successo: da Marx a Gramsci per la sinistra, da Adam Smith a Karl Popper per la tradizione liberale, i più grandi pensatori spesso vengono criticati da chi li ha letti poco. L'ultimo libro di Fukuyama, *Identità*, ha costretto una delle più autorevoli riviste americane, «Foreign Affairs», a ospitare un consistente numero di recensioni ostili. Tra gli attacchi si distingue quello di una neocelebrity della sinistra, la politica afroamericana Stacey Abrams, candidata (sconfitta per un soffio) al ruolo di governatrice della Georgia. L'accusa che la Abrams rivolge a Fukuyama è condivisa da gran parte dell'intellighenzia progressista e si può riassumere così: lo studioso di scienze politiche fa il gioco di Donald Trump, con la sua analisi sulla «deriva identitaria» della sinistra assolve il razzismo della destra, che dell'identità etnica fa un uso ben più spregiudicato e distruttivo. Alla luce di queste critiche, l'ho intervistato all'università di Stanford, in California, dove insegna.

Una delle tesi controverse di questo saggio è che la sinistra «ha scelto di celebrare delle forme particolari d'identità, si è concentrata su gruppi sempre più piccoli e marginalizzati», a scapito di un principio di adesione a un patrimonio di valori universali, a un'idea di cittadinanza che è il fondamento stesso della democrazia liberale. Per lei, questa è un'evoluzione che viene da lontano e coincide con l'attenuarsi delle rivendicazioni economiche per le classi lavoratrici. Può approfondire cos'è accaduto alla sinistra?

Durante gli anni Novanta sia in America che in Europa la sinistra fece la pace col capitalismo, e così facendo si staccò dalle sue tradizioni precedenti. Al punto che, retrospettivamente, è difficile vedere la differenza tra un cancelliere socialdemocratico come Gerhard Schröder e una democristiana come Angela Merkel. La definizione delle ingiustizie, che nel XX secolo guardava soprattutto alle diseguaglianze economiche e sociali, si spostò. Un grande partito della sinistra europea come il Pci aveva una base tra i lavoratori bianchi. Nell'ultima generazione, invece, si è guardato soprattutto agli immigrati e alle minoranze etniche come vittime di ingiustizie. Naturalmente queste categorie sono davvero vittime di ingiustizie. E tuttavia la sinistra, parlando soprattutto a loro, ha perso il contatto con le vecchie classi lavoratrici. Trump ha catturato consensi tra queste; almeno quanto basta per essere presidente degli Stati Uniti. Tanti operai che avevano perso il loro lavoro, che non vivono nelle città delle due coste e si sentono vittime della globalizzazione si sono sentiti ignorati dalle élite benestanti».

Questo schema si sta ripetendo nella controversia sul muro col Messico? Se Trump riesce a spingere una parte della sinistra su posizioni estreme – del tipo «quando si è poveri le leggi sull'immigrazione si possono violare» –, finirà per mantenere il suo zoccolo duro di consenso?

L'immigrazione è diventata il tema centrale, lo è negli Stati Uniti come lo è in Italia per quei disperati che tentano di attraversare il Mediterraneo. Il sostegno alle posizioni moderate fra i democratici si è indebolito. Io non metto in discussione l'obbligo morale di aiutare i profughi. Questo non significa che possano varcare le frontiere tutti quelli che vogliono farlo. Bisogna controllare i flussi, è importante che ci sia una capacità d'integrazione, è essenziale che i nuovi arrivati adottino i valori della nostra società. Ma questa posizione ragionevole e centrista sta scomparendo nel dibattito politico. Voi italiani avete da un lato Salvini, dall'altro una sinistra che si radicalizza e sembra contraria a ogni limite. Ma non c'è democrazia possibile, se non sappiamo chi è, come si definisce, «il popolo» su cui si fonda questa democrazia.

Nel suo saggio, lei fa risalire agli anni Sessanta l'inizio della deriva identitaria della sinistra. In che senso?

Il multiculturalismo che affonda le sue radici negli anni Sessanta fu motivato da ingiustizie reali. I neri che si battevano contro la segregazione e per i diritti civili, le donne in cerca di emancipazione, i gay, tutti questi movimenti partirono da vere ingiustizie e discriminazioni. Col passare del tempo, però, le rivendicazioni si sono evolute verso qualcosa di diverso dalla parità di diritti e di opportunità. Il concetto odierno di identità si è costruito attorno all'autostima: l'idea che abbiamo un «io» nascosto, sottovalutato o disprezzato dagli altri. Donde i sentimenti di scarsa visibilità, di rabbia, di risentimento. Una missione terapeutica si è diffusa nelle scuole, nelle università, nei servizi sociali offerti dallo Stato, per rafforzare l'autostima delle persone. Si è passati, soprattutto nel caso delle minoranze etniche e degli immigrati, all'idea che ogni gruppo deve poter rimanere incollato ai propri valori originari. Questo è un errore. Ogni nazione ha bisogno di un sistema di regole e di valori condivisi, altrimenti scivola verso un modello di tipo iracheno o siriano, cioè una collezione di identità tribali. Tra le quali diventa difficile trovare il terreno del compromesso. Infine, la destra è stata abile ad applicare la stessa deriva identitaria per venire incontro alle frustrazioni dell'operaio bianco. Oggi parlare di compromesso sta diventando difficile, in America come in Italia. Ma questo è distruttivo per la politica democratica, che ha bisogno di comunicazione, discussione, comprensione reciproca, accordi con chi la pensa diversamente. La polarizzazione indebolisce le nostre società. È la debolezza che viene sfruttata da Vladimir Putin: consapevole che molti americani odiano l'altra metà dei propri connazionali più di quanto temano la Russia.

La sinistra italiana le risponderebbe che non ha affatto una visione ristretta delle identità da difendere: si sente profondamente europeista.

L'identità europea è una bella idea ma non è realistica, è troppo ampia. La democrazia liberale non esiste senza una coscienza nazionale, che definisca ciò che i cittadini hanno in comune. Questo naturalmente è ben diverso da ciò che la destra intende per identità: Trump sta cercando di risucchiare gli americani, di riportarli a una concezione etnico-religiosa delle identità. Ma i razzisti di destra oggi prendono in prestito un discorso identitario che è stato la prerogativa di movimenti di sinistra. Quando una famiglia di religione musulmana immigrata in Occidente obbliga una figlia a rimanere a casa, o a sposare qualcuno contro la sua volontà, il cosiddetto «diritto di gruppo» attenta a un diritto individuale. Una democrazia liberale deve prendere posizione a favore dell'individuo e contro quella minoranza etnico-religiosa, se vuole rimanere coerente con i suoi principi.

Da dove dovrebbe ripartire, secondo lei, la ricostruzione di una sinistra vincente, in Italia e nel resto d'Europa?

Dev'essere aperta a tutte le diversità, ma con un'idea chiara di cos'è una democrazia sana, fondata inevitabilmente su un senso di appartenenza a una comunità nazionale. Sull'immigrazione deve sostenere un controllo sulle frontiere, senza il quale non può esserci una democrazia. Il Trattato di Schengen va ripensato: quel tipo di libera circolazione fu pilotato prevalentemente da interessi economici. L'immigrazione, come il commercio globale, può essere benefica per un'economia nazionale e al tempo stesso impoverire alcune categorie al suo interno. Inoltre bisogna sempre ricordare che l'emigrazione non è affatto benefica per i paesi di partenza. Ho trascorso periodi sufficientemente lunghi in paesi dell'Europa dell'Est, come la Romania, per vedere da vicino gli effetti nefasti della fuga dei cervelli: l'impoverimento delle nazioni. Tutte le politiche migratorie vanno ripensate.

Conclusione

«La democrazia liberale richiede governi che sappiano far rispettare le regole del gioco, garantire la certezza della legge… Richiede, in altri termini, uno Stato forte; dei cittadini che vedano il governo come legittimo, rispettino le regole democratiche, obbediscano alle norme. Nella storia d'Europa le democrazie liberali si sono consolidate solo in paesi che possedevano Stati forti e un sentimento di unità nazionale.»

Così scrive Sheri Berman, storica americana che insegna alla Columbia University di New York, nel suo libro *Democracy and Dictatorship in Europe* (Oxford University Press, 2019). È un saggio importante: ricostruisce le lunghe e turbolente transizioni dagli Ancien Régime monarchici alle democrazie in un arco di tempo che va dalla Rivoluzione francese ai nostri giorni. E ricava insegnamenti preziosi sugli ingredienti essenziali di una democrazia vera, compiuta, durevole. In questo periodo abbondano i segnali di involuzione. Il pericolo di un regresso dalla liberaldemocrazia è all'ordine del giorno in tutto l'Occidente. Perciò è importante estrarre le giuste lezioni dalla storia. Nella prima citazione della Berman sopra riportata già abbondano i segnali di pericolo per noi. Ma voglio aggiungere quello che scrive in particolare sulle fragilità della nostra democrazia dall'Unità in poi: «L'Italia iniziò la sua esistenza (negli anni Sessanta dell'Ottocento) con uno Stato debole, e un altrettanto debole senso di Unità nazionale. Questo rese difficile affrontare violenze, disordini, divisioni e corruzione che prevalevano nel paese ... I principali attori politici italiani non accettarono mai fino in fondo le regole del gioco democratiche, la legittimità dei loro avversari o, in generale, l'opportunità della democrazia liberale».

Allargare lo sguardo all'ultimo secolo e mezzo di storia patria è più utile che focalizzarsi ossessivamente sul rischio di una ricaduta nel fascismo. Certe patologie nazionali sono molto più antiche della dittatura, la precedettero e sono sopravvissute alla sua scomparsa. Anzi, lo spauracchio di un suo ritorno a volte ci ha impedito di affrontare i nostri mali alla radice. Penso a quella sottolineatura della Berman sull'importanza di uno Stato forte. È proprio così, ci vuole uno Stato forte, un'amministrazione pubblica al tempo stesso professionale e imparziale, severa e stimata, efficiente e competente, per far rispettare le regole a tutti. È l'unica leva per strapparci a quell'Ancien Régime che ci risucchia continuamente verso una cultura premoderna in cui «i diritti non sono uguali per tutti, dipendono dalla categoria, dal gruppo, dal clan a cui appartieni». In questa descrizione ci stanno i residui di feudalesimo o di arretratezza borbonica, e al tempo stesso la cultura delle mafie, dei clan, delle cordate, il nepotismo o «familismo amorale» che impedisce la rinascita italiana. Ma uno Stato forte, spesso, non lo vogliamo: scatta il sospetto che sia sinonimo di autoritarismo. La sinistra anche in questo caso ha delle responsabilità antiche. Mentre la Francia nel 1958 si dava un assetto istituzionale stabile e decisionista con la riforma costituzionale e la Repubblica semipresidenziale, tutte le sinistre (francesi, italiane) osteggiarono il generale leader della resistenza antifascista Charles de Gaulle come un golpista o quasi.

Nella storia del nostro dopoguerra ci sono varie riforme istituzionali tentate e abortite, che avrebbero dovuto darci uno Stato più forte. Sono fallite per molti motivi, ma tra questi c'è sempre stato un filone culturale della sinistra che preferiva uno Stato debole, assimilando erroneamente Stato forte e fascismo. Lo stesso vale per un altro ingrediente essenziale della liberaldemocrazia: la legittimazione dell'avversario politico. L'estrema sinistra negli anni Sessanta considerava la Democrazia cristiana asservita all'America e al grande capitale, e disprezzava la nostra Repubblica come una «democrazia borghese», fasulla: è da queste aberrazioni che uscì la cultura delle Brigate Rosse. Poi c'è stato Berlusconi. Infine gli attuali sovranisti. Sempre avversari illegittimi, agli occhi di una parte della sinistra, che viene ricambiata con la stessa delegittimazione. Il Movimento 5 Stelle, per esempio, con la sua idolatria di Internet e il culto del referendum online (antidemocratico, opaco, manipolabile, illiberale), si può considerare uno dei figliastri della cultura sessantottina, della sinistra extraparlamentare, della democrazia assembleare. Salvini, da parte sua, usa il dialogo diretto via Facebook con il popolo, alla Trump. Anarchici, black bloc, centri sociali, no global e no Tav sostituiscono l'occupazione violenta della piazza alla democrazia. L'area che coltiva il rispetto e pratica il dialogo civile è pericolosamente esigua.

Non si costruisce una realtà migliore se ci si sveglia ogni mattina convinti che l'altra metà del paese è indegna, ci ripugna, ci ispira ribrezzo. Un primo gesto verso la liberaldemocrazia dobbiamo farlo noi. Smettiamola di usare quotidianamente il linguaggio della scomunica, di alzare grida d'allarme come se la democrazia italiana fosse minacciata ogni giorno dalle prevaricazioni e dall'autoritarismo «degli altri». Questi costanti segnali di pericolo, ripetuti e ossessivi, su toni sempre più esagitati, anziché rendere più vigili creano assuefazione. Se lo teniamo costantemente sull'orlo di una crisi di nervi, questo paese non diventa più maturo; anzi, si abitua al fatto che gridare al disastro finale è un vezzo dell'opposizione.

«Stato forte», autorevole e imparziale, rispettato e anche temuto. Com'è lontana, l'Italia, da questa descrizione. Metà del paese considera lo Stato un nemico, lo evita, lo aggira, lo imbroglia. E anche su questo tema dobbiamo liberarci da tutte le nostre ambiguità. Lo Stato va difeso perché possa sconfiggere con la certezza del diritto e la cultura delle regole le grandi organizzazioni mafiose, storicamente il pericolo numero uno nella nostra nazione. Ma va difeso anche da un'antica e diffusa tolleranza verso il «ribellismo dei poveri», il vittimismo che giustifica il piccolo furto quotidiano: il biglietto non pagato sul mezzo di trasporto pubblico, la ricerca di gratuità diseducative, la mungitura di tutte le elemosine possibili. L'indulgenza verso l'abusivismo popolare, la piccola evasione fiscale, l'assenteismo dei dipendenti statali, i falsi invalidi che rubano le pensioni, tutto questo ha trovato una sponda anche in quell'idea falsamente «di sinistra» secondo cui povertà e disagio sociale giustificano i mezzi. È molto diffusa al Sud, ma non solo. Questo genere di permissivismo non ha mai aiutato i veri deboli: ha viceversa assolto quelli che tirano a fregare. Il paese sommerso dei «furbetti» – fatto di parassitismo, egoismo e indifferenza sociale, povertà di spirito civico – ha goduto di troppe giustificazioni. «Ruba perché è povero» non è quasi mai vero: la stragrande maggioranza degli indigenti non ruba affatto, semmai viene derubata quotidianamente da altri, magari vicini di casa ma un po' meno bisognosi, perché più astuti e aggressivi, rapaci e sfrontati nel calpestare le regole.

La sinistra paga – molto più di qualunque altra forza politica – il fallimento di ogni riforma della pubblica amministrazione. Perché è certamente «di sinistra» voler investire nei servizi pubblici, ma proprio per questo se i servizi non funzionano è la sinistra a subire un crollo di credibilità. Lo Stato italiano continua a essere il più sgangherato tra le grandi nazioni industrializzate. L'amministrazione fiscale è la peggiore in Occidente: sul modello di quella indiana, unisce una spettacolare impotenza (contro l'evasione fiscale) ad atteggiamenti inutilmente vessatori e persecutori verso la massa dei contribuenti, inclusi gli onesti. Finché non si interverrà in modo incisivo sui nodi di questo Stato incapace, rilanciare un'idea forte della sinistra sarà impossibile. Finché nell'amministrazione pubblica la faranno franca incompetenti e fannulloni, sarà la sinistra a pagare il prezzo politico più alto perché è lei che storicamente viene associata a ciò che è pubblico.

In Italia si salvano, almeno in parte, alcuni servizi che per loro natura hanno ancora un'attrazione «vocazionale»: scuola e sanità in particolare. Posso dirlo con cognizione di causa proprio perché mi trasferii in America vent'anni fa. Vedo tante isole felici di una buona sanità pubblica, in certe regioni italiane, che fanno invidia agli americani prigionieri di un sistema privatistico e iniquo. Vedo arrivare – ahimè – il flusso costante e perfino in aumento dei nostri giovani espatriati. I famosi «cervelli in fuga». Ma questi ragazzi, che appena arrivati si fanno stimare e s'inseriscono brillantemente in California o a New York, non sono soltanto la prova che l'Italia è avara di opportunità; hanno successo negli Stati Uniti perché sono bravi e preparati, merito loro e dei licei e delle università che li hanno formati. Eppure, anche nel mondo della scuola si fanno danni in nome di un populismo di sinistra che ha radici antiche: nei «voti politici» del Sessantotto, nell'idea che promuovere tutti sia d'aiuto ai giovani, che il diploma regalato sia un diritto universale. Quando un ministro si è azzardato a stigmatizzare i professori del Sud che hanno la promozione facile, ha sollevato un problema risaputo da anni, una piaga sociale. Tuttavia, una brava sociologa come Chiara Saraceno ha sentito il bisogno di attaccarlo, intonando la solita filastrocca pauperistica: «Le peggiori performance medie degli studenti del Mezzogiorno non sono causate da un minor impegno loro e dei loro insegnanti, ma dalla maggiore concentrazione di povertà a fronte di una minore disponibilità di risorse pubbliche» («la Repubblica», 10 febbraio 2019).

Questa è la cultura del piagnisteo, che una parte della sinistra ha contribuito a radicare tra i giovani, soprattutto al Sud. Li rende impreparati ad affrontare un mondo meritocratico e competitivo a livello globale, dove i loro coetanei cinesi, impregnati di cultura confuciana, non perdono tempo a cercare scuse, studiano e vincono concorsi, fanno incetta di borse di studio nelle migliori università europee e americane. Anche quegli italiani che ce l'hanno fatta, che si sono affermati nel mondo della scienza, della ricerca, dell'imprenditoria, hanno voltato le spalle alla cultura del piagnisteo. Non ci si può ribellare all'idiozia criminale del movimento no vax, non si possono dileggiare certi dirigenti del Movimento 5 Stelle per la loro ignoranza abissale e poi difendere le promozioni regalate al Sud «perché è povero»: è proprio da quel lassismo che viene una generazione di leader incolti, intrisi di leggende metropolitane, antiscientifici, ipnotizzati dalle teorie del complotto.

Insieme con uno Stato forte, l'altra precondizione per una democrazia liberale sana e durevole è la coscienza nazionale. Sì, dobbiamo smetterla di regalare il valore-Nazione ai sovranisti. Non ci vuole un grande sforzo per riprendersi l'idea di patria. Non la patria-religione di Gabriele d'Annunzio; non il nazionalismo aggressivo delle nostre avventure coloniali ai tempi di Crispi e Mussolini. Ma non possiamo dimenticare quante battaglie nazionaliste meritano il nostro appoggio, da quella dei curdi a quella dei tibetani, per citare le più attuali. Perché solo gli italiani dovrebbero vergognarsi di avere cara la propria nazione? Definirsi europeisti in chiave antinazionale, il vezzo attuale della nostra sinistra, è un errore grave: a Bruxelles né i tedeschi né i francesi dimenticano mai per un solo attimo di difendere con determinazione gli interessi del proprio paese. E non esiste nella storia una democrazia che non sia nata su basi nazionali, conquista di una comunità coesa. Ogni organismo sovranazionale – dall'Unione europea alle Nazioni Unite –, per quanto possa essere utile e perfino inevitabile, è sempre un po' più distante dai cittadini e un po' meno democratico rispetto alle istituzioni rappresentative dei singoli Stati.

L'altra sinistra che ho sotto gli occhi, ancora più vicina a me, è quella americana. Sotto shock per il risultato inaudito del 2016, si è ripresa solo in parte alle elezioni legislative del 2018. La salva da una débâcle di tipo europeo il bipartitismo degli Stati Uniti. Ma con quali idee, quali valori, sta cercando di riprendere il sopravvento per il dopo-Trump?

La marcia dei democratici Usa verso la Casa Bianca è ripartita dalle diseguaglianze. Il tema dell'eccessiva concentrazione di ricchezze torna in primo piano come ai tempi di Occupy Wall Street, dopo la crisi del 2008. Forse un giorno la storia ricorderà un singolo investimento immobiliare come la goccia che fece traboccare il vaso. Magari l'acquisto di un appartamento al 220 Central Park South, che ha polverizzato ogni record perfino per Manhattan: 238 milioni di dollari, pagati nel gennaio 2019 dal finanziere Kenneth Griffin di Chicago. O forse a scatenare la reazione è stata un'altra vicenda newyorchese, l'annunciata costruzione del secondo quartier generale di Amazon. Proprio nei giorni in cui il fondatore, azionista e chief executive dell'azienda, Jeff Bezos, denunciava di essere «sotto ricatto ed estorsione» da parte di un tabloid vicino a Donald Trump (il «National Enquirer» per lo scoop delle foto hard inviate dall'imprenditore alla sua amante), un'accusa di «estorsione fiscale» rimbalzava contro di lui a proposito della nuova sede progettata a Long Island City, nel quartiere di Queens. Amazon, regina dell'economia digitale che vale intorno ai 780 miliardi di dollari in Borsa, ha strappato al Comune e allo Stato di New York sgravi sulle imposte locali per 3 miliardi: il conto lo paghiamo noi contribuenti normali, che non abbiamo quella capacità di pressione. Intanto New York ha servizi pubblici in declino – una metropolitana da Terzo Mondo – e vede crescere l'esercito degli homeless.

Irritata dalle critiche, alla fine Amazon ci ha ripensato e si è vendicata a modo suo. Nel febbraio 2019 è arrivato l'annuncio della rottura: il secondo quartier generale dell'azienda, destinato a sorgere nella periferia della Grande Mela, non si farà più. È un episodio importante, forse istruttivo e benefico, se ne verranno tratte le lezioni giuste. Il divorzio tra un'ala della sinistra locale e l'uomo più ricco del mondo, quel Bezos che si considera un vero progressista e un fiero avversario di Trump, rivela dei nodi che vanno sciolti.

«Le regole di questa economia sono truccate. Il giorno stesso in cui Amazon annunciava la sua decisione di non costruire qui a New York il suo secondo quartier generale, abbiamo appreso che questa società non pagherà tasse federali sui miliardi di profitti che ha incassato l'anno scorso. È una cosa che fa infuriare, nel periodo in cui milioni di contribuenti del ceto medio e della classe operaia compilano la dichiarazione dei redditi e scoprono che pagheranno di più.» Così il sindaco di New York, Bill de Blasio, ha commentato il caso-Amazon subito dopo il gran rifiuto dell'azienda, che ha voltato le spalle alla sua città. In un editoriale sul «New York Times», de Blasio ha cercato di esibirsi in un delicato equilibrismo. Perché lui stesso è stato spiazzato due volte: prima da una rivolta in seno al Partito democratico contro il ricatto fiscale di Amazon che aveva estorto i 3 miliardi di sgravi fiscali; poi dal padre-padrone del colosso digitale, Bezos, quando se n'è andato sbattendo la porta.

De Blasio si colloca nell'ala sinistra dei dem e tuttavia lui stesso non ha visto crescere l'indignazione della sua base. Il sindaco si è trovato in una posizione inedita e scomoda: a fianco del suo ex nemico di partito, il governatore democratico Andrew Cuomo (da sempre un moderato), con cui aveva negoziato l'accordo e promesso il generoso sussidio fiscale ad Amazon; contestato dalla nuova generazione radicale che si ribella contro i regali dei contribuenti alle multinazionali. Nell'editoriale de Blasio se l'è cavata scaricando tutta la colpa su Bezos, per aver rifiutato il dialogo con una fascia della popolazione locale, «minoritaria» secondo il sindaco, ma meritevole di attenzione.

«Io avevo dato consigli» ha scritto il primo cittadino «a un alto dirigente di Amazon su come prevalere su alcuni dei loro critici: incontrate i sindacati, cominciate subito ad assumere chi vive nelle case popolari del quartiere, investite in infrastrutture e altri bisogni sociali della comunità locale, fate vedere che siete sensibili al tema della giustizia e delle opportunità per i lavoratori di Long Island City. Se non vi piace una minoranza rumorosa che contesta le intenzioni o l'onestà della vostra azienda, dimostrate con i fatti che hanno torto. Al contrario, Amazon nei fatti gli ha dato ragione.» Così de Blasio ricostruiva antefatti e retroscena del gran rifiuto, quando agli attacchi politici la regina del commercio online ha reagito dicendo: se non mi volete non mi avrete, peggio per voi.

Nella sua autodifesa de Blasio ha cercato di spiegare come si possa essere di sinistra e regalare sgravi fiscali esorbitanti alle multinazionali. «Da una vita io sono un progressista che vede il problema delle diseguaglianze crescenti, nei redditi e nella ricchezza. Ma l'accordo che avevamo raggiunto con Amazon avrebbe creato almeno 25.000 posti di lavoro ... e 27 miliardi di dollari di nuove entrate fiscali – cioè nove volte più di quanto concedevamo come sgravi.» L'argomentazione è discutibile. Anzitutto, gli sgravi erano certi e immediati, mentre le proiezioni sulle future entrate fiscali sono aleatorie; non è chiaro, inoltre, se quelle tasse future le avrebbe pagate Amazon oppure se sono una stima ottimistica sul gettito fiscale complessivo da tutto l'indotto, cioè le attività economiche create dal gigante. Soprattutto, vale l'obiezione che lo stesso de Blasio muove sulle tasse federali ridotte a zero: perché una delle aziende più capitalizzate del mondo deve estorcere esenzioni che vengono negate al ceto medio? La creazione del secondo quartier generale a New York era un'operazione a scopo di lucro, foriera di nuovi profitti, non beneficenza: perché aggiungere nuove distorsioni di mercato con il favoritismo fiscale, negato a qualsiasi piccola impresa? Questa vicenda non ha finito di accendere gli animi: la novità non è la concorrenza fiscale che impoverisce gli Stati (l'Europa la conosce da anni), non è neppure la prepotenza di Bezos (esistono precedenti anche nella sua prima sede, Seattle), ma è il nuovo dibattito che divampa tra i democratici, per definire strategia e valori in vista della campagna presidenziale del 2020.

La misura è colma, almeno secondo i nuovi leader della sinistra. Elizabeth Warren, la senatrice del Massachusetts candidata alla nomination democratica, propone una tassa patrimoniale del 2 per cento dai 50 milioni di dollari in su. Colpirebbe 75.000 famiglie, una frazione minuscola in una nazione di 315 milioni di abitanti. Ma proprio perché la ricchezza è spaventosamente concentrata in poche mani, la sua patrimoniale secondo le prime stime potrebbe generare un gettito di 2750 miliardi di dollari nell'arco di un decennio. Bernie Sanders, il senatore del Vermont che si proclama socialista e non esclude di ricandidarsi come nel 2016, vuole imposte di successione al 45 per cento su eredità superiori ai 3,5 milioni di dollari. Stima che colpirebbe solo 8000 famiglie, con un gettito di 315 miliardi in dieci anni. Tra i paladini di nuove tasse da introdurre per i ricchi, c'è anche la giovane deputata newyorchese Alexandria Ocasio-Cortez, una star della nuova sinistra radicale. La neoeletta propone di alzare l'aliquota marginale dell'imposta sul reddito a carico di chi guadagna più di 10 milioni di dollari all'anno, portandola dall'attuale 37 per cento al 70. Colpirebbe solo 16.000 famiglie, ma il gettito anche in questo caso non sarebbe affatto irrisorio: 720 miliardi in dieci anni.

Donald Trump fiuta un'opportunità: denuncia «chi invoca il socialismo in America», paragona l'ala sinistra del Partito democratico all'autocrate Maduro che ha ridotto alla fame il popolo del Venezuela. È un assaggio della sua linea di attacco, se nel 2020 si troverà di fronte un rivale o una rivale dai propositi radicali. Socialismo è una parola che fa ancora paura agli americani, trent'anni dopo la caduta del Muro di Berlino? In realtà un sondaggio di Fox News rivela che perfino una maggioranza dei repubblicani è favorevole ad aumentare le tasse a chi guadagna oltre 10 milioni l'anno. Sanders si considera l'erede di una tradizione antimonopolista e di una battaglia contro le oligarchie del denaro che risale a un grande presidente repubblicano, Ted Roosevelt. In quanto all'aliquota marginale Irpef ventilata dalla Ocasio-Cortez, era già in vigore sui più ricchi tra le presidenze di Eisenhower (repubblicano) e Kennedy (democratico), negli anni Cinquanta e all'inizio degli anni Sessanta, in quell'Età dell'oro del capitalismo che vide una crescita economica record, con meno diseguaglianze.

La vicenda dell'appartamento venduto per 238 milioni ha anche sollecitato qualche paragone internazionale. A Singapore un miliardario straniero che voglia comprar casa per avere lì la sua «residenza secondaria» è soggetto a una sovraimposta del 15 per cento sul valore dell'immobile; lo stesso vale a Hong Kong. Sono due città ricchissime, due metropoli cosmopolite che si possono considerare altrettante «New York dell'Estremo Oriente». Il capitalismo fiorisce anche lì. E tuttavia viene considerato normale usare il fisco per colpire le grandi ricchezze. A New York, roccaforte progressista degli Stati Uniti, da anni ogni tentativo di far passare una piccola sovrattassa sulle residenze secondarie (dell'1 per cento soltanto!) è stato regolarmente bocciato. Quasi che un'imposta di tale entità possa deprimere il mercato immobiliare, far fuggire gli investitori, eccetera: tutte cose che non sono affatto successe a Singapore e Hong Kong.

L'ala sinistra dei democratici deve prima convincere il proprio partito, la cui leadership, dai tempi di Bill Clinton, ha abbracciato il pensiero unico neoliberista. «Dichiaro la fine dell'era del Big Government» (cioè dello «Stato grosso») disse Clinton negli stessi anni in cui firmava la deregulation finanziaria e i trattati di libero scambio. Poi venne lo shock del 2008; gli slogan di Occupy Wall Street contro l'1 per cento. Ma quel movimento ebbe vita breve, più duratura e potente fu la reazione contro il salvataggio dei banchieri da parte del populismo di destra, quel Tea Party che spianò la strada a Trump. La contraddizione è ai massimi proprio a New York. I maxisussidi fiscali concessi ad Amazon erano stati sostenuti all'inizio da un potere locale al cento per cento democratico, già nominato prima.

Il dibattito americano impone di allargare lo sguardo, per capire le origini delle diseguaglianze estreme a cui assistiamo oggi. Bisogna ricordare i grandi cambiamenti accaduti dalla fine della seconda guerra mondiale, prima positivi e poi negativi. Lì c'è tutta la storia dell'ascesa e declino della sinistra. Bisogna capirla per ricostruire sulle macerie e aprire un capitolo nuovo.

Cito ancora dall'opera della Berman sulla storia di dittature e democrazie nel Vecchio Continente. «Se riflettiamo» scrive la storica americana «su ciò che fu necessario per far funzionare le democrazie liberali dopo il 1945, il loro indebolimento attuale diventa più facile da capire. La tragedia del periodo tra le due guerre, e poi della seconda guerra mondiale, contribuì a far comprendere cosa occorre alle liberaldemocrazie. Non basta cambiare istituzioni politiche e procedure. Ci volevano nuove relazioni sociali ed economiche. Le diseguaglianze avevano generato estremismi e indebolito la democrazia.» Il ruolo guida lo ebbero gli Stati Uniti con la creazione delle istituzioni multilaterali del dopoguerra: Nato, Fondo monetario, Gatt, più il Piano Marshall (organizzazioni e organismi che le sinistre di allora osteggiarono, per poi abbracciarli in ritardo e rimpiangerli oggi). Quella cornice di regole e istituzioni, insieme con gli investimenti nella ricostruzione, garantì decenni di forte crescita. Grazie allo sviluppo economico fu più facile finanziare un Welfare State generoso. Tutto ciò consolidava il consenso di massa verso la liberaldemocrazia: non un'adesione astratta, di principio, ma un'approvazione basata sui risultati concreti di quel sistema politico.

La macchina cominciò a incepparsi negli anni Settanta ed entrò in crisi nel decennio successivo. La decisione di Richard Nixon di abbandonare la convertibilità del dollaro in oro fu il primissimo segnale che l'America faticava a sostenere da sola le spese militari, e rimetteva in discussione la grande stabilità economica postbellica. Gli anni Ottanta con Ronald Reagan videro affacciarsi la «secessione delle élite»: gli straricchi e le grandi imprese si svincolavano dal patto sociale, premevano per liberarsi dai doveri fiscali e da ogni solidarietà. La grande restaurazione conservatrice e neoliberista da quel momento in poi dilagò in tutto l'Occidente. Il divario economico cominciò a dilatarsi all'interno delle singole nazioni, pur riducendosi nei rapporti tra Nord e Sud del pianeta dopo l'ingresso della Cina nella globalizzazione. La secessione delle élite prese tante forme: la fuga degli straricchi e delle multinazionali verso i paradisi fiscali; la risposta suicida degli Stati sotto forma di una sfrenata competizione per alleggerire le imposte sui capitalisti; la delocalizzazione di imprese in paesi a minor costo della manodopera; e anche l'immigrazione che ha fornito forza lavoro a buon mercato. L'Uomo di Davos ha plagiato la sinistra, i cui governanti si sono alleati proprio con quelle élite. Alle varie reazioni di rivolta popolare si è risposto vagheggiando meno democrazia, più tecnocrazia, spostando equilibri e poteri decisionali a favore delle banche centrali o degli organismi tecnocratici come la Commissione europea. Tutto questo è l'antefatto del progressivo divorzio tra sinistre e popoli.

Perciò è obbligatorio ripartire da qui, dal tema delle diseguaglianze, come tenta di fare un pezzo di sinistra americana. Perché l'ultimo capitolo di quel divorzio tra sinistra e popolo negli Stati Uniti fu scritto sotto Obama. Il salvataggio di Wall Street (quasi 800 miliardi di dollari dal Tesoro alle banche) forse era necessario. Lo iniziò un'amministrazione repubblicana nelle sue ultime settimane di vita, quella di George W. Bush. Obama si fece carico della responsabilità di evitare uno «schianto» generalizzato, quindi proseguì il piano del suo predecessore. Ma non usò l'occasione per presentare il conto ai privilegiati: resta altamente simbolico il fatto che non un solo banchiere venne perseguito penalmente; né si osò toccare i meccanismi dei loro compensi astronomici. Lo Stato intervenne con mezzi eccezionali ma senza chiedere nulla in cambio ai colpevoli del disastro. Mai una categoria riuscì a infliggere danni così tremendi alla collettività e a uscirne indenne, perfino più ricca di prima. Di certo, essendo il salvataggio delle banche governato da un'amministrazione democratica a Washington, contribuì all'identificazione mortale tra sinistra ed establishment. Obama mascherò il problema grazie al suo carisma personale, che gli consentì la rielezione a un secondo mandato nel 2012. Ma la sua bravura personale non impediva lo sgretolamento della sinistra, che già nel 2010 aveva perso la maggioranza al Congresso. Non è un caso se il movimento Occupy Wall Street durò poco, mentre il Tea Party ebbe un seguito maggiore e partorì Trump: il primo era una rivolta di sinistra che doveva vedersela con un presidente di sinistra accorso in salvataggio dei banchieri.

Sentivo questo dramma, otto anni fa, quando scrissi *Alla mia sinistra*, che iniziava così:

> Dove abbiamo sbagliato?
>
> Questa domanda mi insegue da anni ed è diventata più incalzante nell'estate del 2011. Mi viene imposta con forza dall'attualità in America, dove seguo quotidianamente le dif-

ficoltà di Barack Obama. Più lo osservo, più mi convinco di questo: l'affanno del presidente che ha fatto sognare il mondo intero ha un significato generale. Mi costringe a fare i conti con la storia della mia generazione, con trent'anni di errori e di sconfitte della sinistra di cui sono partecipe, e con la fine di un modello economico e sociale. Dall'America all'Europa, all'Italia, l'impatto con la più grave crisi economica degli ultimi ottant'anni impone con urgenza questo bilancio. Non vedo emergere con chiarezza una via d'uscita progressista, equa, rassicurante, al nostro declino. Da nessuna parte al mondo.

Stiamo attraversando qualcosa di più serio di un semplice «ciclo negativo» dell'economia. È la Grande Contrazione: questo termine dà l'idea di un disastro che rimpicciolisce tutto il mondo a cui eravamo abituati. L'unico evento storico con cui valgono i paragoni è la Grande Depressione avvenuta negli anni Trenta del secolo scorso. A quella furono date delle risposte di destra – Mussolini e Hitler – e delle risposte di sinistra: il New Deal di Franklin Delano Roosevelt negli Stati Uniti, il Fronte Popolare in Francia. Oggi esiste una risposta di sinistra a questa crisi?

L'abbraccio tra la sinistra e l'establishment, tra i partiti democratici o socialdemocratici al governo e i chief executive ha premiato gli interessi delle élite che di quella crisi non hanno quasi sentito gli effetti. Solo qualche momentanea caduta delle Borse ha turbato marginalmente il loro benessere; poi è ripresa la corsa delle oligarchie del denaro verso nuove vette di concentrazione dei capitali.

Il richiamo all'Età dell'oro del dopoguerra e ai modelli redistributivi degli anni Cinquanta-Sessanta ci ricorda anche questo: le élite furono costrette a essere più ragionevoli dallo shock inaudito della seconda guerra mondiale. Oggi nessuno sconvolgimento paragonabile le sta minacciando, e dobbiamo evitare che siano nuovi conflitti o traumi simili a riportare su basi più equilibrate i nostri sistemi economici. Un drastico cambiamento politico ci vuole, però. E a quello non ci si attrezza cantando l'elegia del globalismo, ideologia organica agli interessi dei privilegiati.

Negli otto anni che mi separano da *Alla mia sinistra*, pur vivendo negli Stati Uniti ho frequentato un'Italia sorprendente spesso tornando in occasione delle mie rappresentazioni teatrali o nell'ambito di rassegne di spettacoli e festival culturali. Sorprendente Italia perché molto più aperta, disponibile al dubbio e alla ricerca sincera, desiderosa di un dialogo pacato e civile, rispetto all'immagine che ne viene riflessa dai media. Quando rientro per presentare un libro o salgo su un palcoscenico, davanti a me – per via della mia storia personale e del giornale su cui scrivo – c'è inevitabilmente un pezzo del «popolo di sinistra». L'ho sempre trovato molto meno politically correct dei leader e dei guru; meno aggrappato a stereotipi e luoghi comuni.

Un bel pezzo di quel popolo di sinistra lo si è visto, mentre stavo finendo questo libro, nelle giornate del 2 e 3 marzo: prima la manifestazione di duecentomila a Milano contro il razzismo, poi la partecipazione di 1,8 milioni di cittadini alle primarie del Pd. Mossi, come ha scritto Ezio Mauro sulla «Repubblica» il 4 marzo, «dalla coscienza della responsabilità democratica nei confronti del paese, di chi vuole andare avanti, di chi chiede aiuto e anche di chi ha paura. È la responsabilità della democrazia, che fa parte della civiltà italiana e che ormai sembrava travolta». Lo stesso Mauro osservava in quelle due giornate un paesaggio «da superstiti, come dopo un naufragio». È sulle cause profonde di quel naufragio, sull'impoverimento culturale dei leader e dei «maestri di pensiero vanitoso», sui pregiudizi pigri del politically correct, che bisognerà lavorare a lungo, operando col bisturi. Sarà un lavoro doloroso, che non si risolve solo in un weekend di partecipazione collettiva.

Una spiegazione del divario tra la qualità della società civile italiana e lo spettacolo degradante dei talk show me l'ha data di recente il grande capo di un'emittente televisiva. Con una sincerità disarmante, perfino sospetta, il potente personaggio ha voluto descrivermi i meccanismi che presiedono a questo genere televisivo: gli ospiti in studio «devono recitare delle parti in commedia» – lo cito testualmente – perché lo spettacolo sia prevedibile, senza sorprese, e ben riuscito. Ciascuno dunque è invitato a specializzarsi in un personaggio, possibilmente interpretando una voce estrema, perché il pubblico sappia esattamente cosa deve attendersi da lui o da lei. È tutto più rassicurante, ben oliato. E molto diseducativo, perché la regola dello spettacolo è rifiutarsi di concedere un millimetro all'avversario, sbeffeggiarlo, aggredirlo. L'esatto opposto di quel che ci serve oggi per costruire quella nazione che, in verità, non abbiamo mai avuto.

L'intellettuale impegnato, per essere utile a qualcuno, non dovrebbe essere prevedibile, scontato, sempre schierato dalla stessa parte, cioè fazioso e rituale nell'invettiva o nell'elogio. Ormai animale rarissimo di questi tempi, è in via di estinzione anche negli Stati Uniti. Forse solo Toni Morrison è all'altezza di questo standard. A 87 anni la grande scrittrice afroamericana, premio Nobel e premio Pulitzer nonché vincitrice della Presidential Medal of Freedom assegnatale da Obama, può permettersi di aprire il suo ultimo saggio *L'origine degli altri* (Frassinelli, 2018) con un episodio dell'infanzia in cui il razzismo è praticato dai neri: la sua bisnonna la mette all'indice perché non ha la pelle abbastanza scura. La Morrison ha rifiutato di farsi definire femminista, con questa spiegazione: «Per essere il più libera possibile, nella mia immaginazione, non posso prendere posizioni chiuse. Tutto ciò che ho fatto nel mondo della scrittura puntava a espandere l'articolazione, non a chiuderla; ad aprire porte ... a lasciare il finale aperto per la reinterpretazione, la rivisitazione, l'ambiguità ... Non scrivo manifesti o volantini». Nei romanzi e nei saggi che da decenni costruiscono la sua fama, offre un'analisi chiara e profonda del dramma razziale americano. Non per questo si lascia usare. Non la si vede quasi mai in televisione. Non ha la consuetudine di firmare appelli, né lettere aperte. Non impartisce benedizioni a questo o quel movimento o manifestazione. Non le si addicono l'urlo, la scomunica, tantomeno l'autoadorazione sui social media. Sa centellinare la sua presenza pubblica, così come gli scritti. Anche per questo la sua autorevolezza continua e continuerà a crescere, insieme con quel tanto di distanza che mantiene dal berciare quotidiano delle fazioni in lotta. Distanza, non equidistanza.

Non è un metodo consigliabile per procurarsi tanti amici; né per fare carriera nelle cordate e nei clan compatti, solidali, incollati a una logica tribale che impone la maledizione del nemico.

L'alternativa – stare nel coro dei propri simili, non stonare mai – produce lo spettacolo che abbiamo attorno a noi. Io ne sogno uno molto diverso.

Indice dei nomi

MISTO
Carta da fonti gestite in maniera responsabile
FSC® C115118

V 002643

SIAE DALLA PARTE DI CHI CREA
Aut. D - 50 - 2019

Mondadori Libri S.p.A.

Questo volume è stato stampato
presso ELCOGRAF S.p.A.
Stabilimento - Cles (TN)

Stampato in Italia - Printed in Italy